心の七つの見方

Seven Views of Mind

リーサ・ウォラック
マイケル・ウォラック 共著
岡 隆 訳

新曜社

心の七つの見方

本書は、「私たちが心について話すとき、いったい何について話しているのか」という質問への七つの異なる答えを吟味する。まず、本書は、学生たちがしばしば当然のこととしている二元論的な見方、つまり、「信念」「怒り」「嫉妬」のような心的な単語が、物理的な世界とはまったく別の領域を指し示しているという見方について考察し、多くの人びとがこの見方にとらわれる理由だけでなく、この見方に関わる困難な問題に注目する。そして本書は、心理学者や哲学者や神経科学者が説いてきた、二元論にとって代わる六つの主要な見方を説明する。そのような心的な単語は、行動に関わるものにすぎないと主張する人びともいる。そのような単語は、物理学の「クォーク」のような理論的構成概念であると主張する人びともいる。心を脳とみなす人びと、あるいは、心をコンピュータの中のソフトウェアのような、ある種の脳内プログラムとみなす人びともいる。そのような単語が指し示すものは何も存在しないと考える人びともいる。心的に話すことは、慣習を反映するものにすぎないと考える人びともいる。

心理学の学生は、さまざまな授業で心に関する異なる見方を学ぶが、それらの間の対立をどう扱うかは、彼ら自身に任されることが多い。心についてどのように考えるかは、通常、心理学ではなく哲学の文脈で取り上げられ、そこでは、心理学の学生には難解そうな方法で扱われることが多い。七つの見方は、ひとつの場所で議論されることがめったにないので、本書は、それらすべてとそれぞれの賛否の理由を、心理学の学生や講師に分かりやすいように、あまり専門用語や形式にこだわらないかたちで紹介し、それらを比較し、それらの対立の解消の可能性について考えることができるようにする。

リーサ・ウォラックは、デューク大学心理・神経科学部の上級研究者である。長年、デューク大学で心理学の研究教授であり、ウェルズリー大学のブリンマー、ノースカロライナ大学チャペル・ヒルでも教授職を務めている。彼女には、理論的・哲学的心理学に関する、また、マイケル・ウォラックとの三冊の本を含む、認知のさまざまな側面に関する著作がある。

マイケル・ウォラックは、デューク大学の心理・脳科学の名誉教授である。デューク大学の他に、ハーバード大学、マサチューセッツ工科大学、シカゴ大学の教授職も務めている。彼は、『性格心理学』(*Journal of Personality*) の編集長を一〇年間(一九六三~七二)、ニューヨーク州立大学出版の『心理学の選択肢』(*Alternatives in Psychology*) シリーズの編集長を二〇年間(一九八九~二〇〇八)務めた。彼には、認知、性格、社会、臨床、発達、教育、理論にまたがる心理学の多くのテーマについて幅広い出版物がある。

はしがき

ほとんどの学生や一般人にとってだけでなく、多くの専門家にとってさえ、彼らの直接経験――彼らの感覚、思考、感情、情熱、これらすべて――は、物理的世界の領域とはまったく別の領域に属しているように見える。しかし、感覚や思考や感情や情熱は、われわれの身体に影響し、逆方向にも同じように影響するように思われるので、もし心と身体が二つの異なる領域に、すなわち一方は物質的でもう一方は非物質的な領域に存在しているとすれば、どうしてそのような影響が可能になるのか理解しがたいだろう。心と身体の二元論は擁護しがたいものに思われる。しかし、もし二元論が拒否されるとすれば、われわれは心についてどのように考えることができるのだろうか。この質問が重要なのは、それ自体としてだけでなく、より広くは、われわれがわれわれ自身をどのように理解するか、われわれがわれわれの人生をどのように生きればよいかということに影響が及ぶからである。

心理学者や神経科学者や哲学者は、さまざまな非二元論的な心の見方を説いてきた。こういった思想家の中には、心をコンピュータ・プログラムに似たものとみなす人たちがいる。心を脳と同じものとみなす人たちもいる。信念、怒り、嫉妬のような心性主義的な単語を、行動に関わるものにすぎないとみなす人たちもいる。心的な用語が指し示すものは何も存在しないと主張する人たちもいる。心的に話すことは慣習を反映するものにすぎないと考える人たちもいる。心的な用語は、科学的な理論であったり、いずれは科学的な理論になるかもしれなかったりする、理論的構成概念とみなす人たちもいる。

これらの見方の中には、明らかに、二元論とだけでなくお互いに相容れないものがある。そして、深刻な問題は、二元論についてだけでなく、これらすべての見方について提起されている。さまざまな心の見方は、ひとつの場所で議論されることがめったになかった。われわれは、それらを本書に寄せ集め、それぞれをそれ自体として吟味する。さまざまな見方に見出される問題を乗り超えることを目標とする結論が提案されることになる。

われわれは、形式張ることなく会話調で書き、専門用語を避けながら、できるだけ共感できるようにそれぞれの見方を紹介し、それぞれを受け入れるかどうかの賛否の理由を考えられるだけ検討しようと努める。読者諸兄姉は、自分にとってあまり馴染みのないアプローチでもそれを深く調べ、不一致や対立があれば、それを避けるよりもむしろ解決するようにしてほしい。われわれは、批判的であると同時に建設的でもあろうとし、学生たち（や他の人たち）が理解しやすく、また関心を見出せるように書こうと努めている。

最近まで、ほとんどの心理学者は、多少にせよ哲学的に見える質問には反感を抱いてきた。心理学は、実証的データによって答えることができる質問にだけ自らを限定し、哲学とは明瞭な一線を画していると考えられていた。しかしながら、認知科学などの分野の新しい発展は、そのような限定や分割が実際には実現できないことを示唆している。われわれは本書が、学問的専門の境界や人為的な制約から心理学者が自らを解き放とうとする動向の進展の一助となればよいと考える。

われわれの授業の学生たちが、本書のテーマに旺盛な興味を示し活発に参加をしてくれたことに感謝する。ダニエル・セルーティ、ジェリー・ダウニング、ロバート・ドレイク、リック・ホイル、グレゴリー・ロックヘッド、ジョン・ロイヤル、ネスター・シャマジャク、マイケル・ベルトハイマーには、コメントと議論に。ヘーゼル・カーペンターとロリー・クワピルには、文書作成に。デューク大学心理・神経科学部には、快適で親切な学術環境の提供に。サイコロジー・プレス社の編集者ステファニー・ドリューには、励ましと支えに。われわれは、匿名の査読者の特別な恩恵を受けた。われわれの最初の草稿に対する彼らの熱意は、章ごとの忍耐強いコメントと極めて有益な示唆を伴って、そうでなければありえなかったほど本書をはるかに良いものにするためのさらなる作業にわれわれを駆り立ててくれた。

目次——心の七つの見方

装幀＝吉名　昌（はんぺんデザイン）

序――問題

　われわれは、ときに愛する。われわれは、ときに創造的に考える、つまり、それまで存在しなかったものを存在させる。われわれは、偉大な美術や音楽の美しさに、ときに立ちすくむ。われわれは、立派な目標に到達しようと力強い努力をするかもしれないし、われわれの理想に叶う生活ができず罪悪感に打ちひしがれるかもしれない。そうでなくとも、少なくとも、そう思われはするだろう。

これらすべて、そしてもっと（はるかにもっと）多くのことが、世俗的な事柄とはまったく別の、そしてはるか高みにある領域に属しているように思われがちである。すなわち、心（精神や魂という人もいる）の領域である。そのような領域の存在は、宗教的な信念の欠かせない部分になっている人たちがいる一方、それは宗教とは何の関係もないという人たちもいる。信仰心があろうとなかろうと、われわれは、心的現象が存在することを、そして、それがわれわれの身体とはまったく異なる何かとして存在することを、直接の体験を通して知っているように思われる。さらに、デカルトが、彼の信念の確実な基礎を築こうとした有名な試みの中で論じたように、これを知っていることは、まったく疑問の余地のないことであり、さらに、われわれが自分自身のことを、考えたり感じたりする自律した人間とみなすことの中核をなしているようである。

しかし、もし二元論が正しいとすれば、すなわち、もし心と身体が完全に区別できることが事実であるとすれば、それらの間の関係を人はどのように説明できるのだろうか。結局のところ、それらが松果体で相互作用しているというデカルトの提案を真に受けている人はもはやいない。もし心と身体がまったく異なる領域に属するのであれば、われわれが心の中で下す決定は、どのようにしてわれわれの脚に動きをもたらすことができるのだろうか。われわれの眼に到達する電磁波は、どのようにしてわれわれの心の中で光の感覚を生じさせることができるのだろうか。われわれの耳への空気圧の体系だった変化は、どのようにして交響曲だと意識させることができるのだろうか。そして、化学物質や脳の損傷が意識や思考や情動に及ぼす効果についてだけでなく、情動それ自体が身体過程や身体の健康に及ぼす効果についても、その証拠が増えているのをどのように理解することができるのだろうか。さらに、もし進化論が正しいとして、人類が下等動物から、そして究極的には無機物質から進化してきたのだとすれば、そして、もし心が物理的世界の一部でないならば、そもそもどのようにして心は出現することができたのだろうか。

それで、もしわれわれがわれわれの心を物理的世界とはまったく別のものとみなしているならば、われわれは思い違いをしていることになるのかもしれない。多くの人は、心について二元論以外の信念に到達している。さまざまな可能性が説かれてきたが、多くの場合、ひとつの可能性の支持者は別の可能性の支持者とほとんど交流がなかった。本書は、二元論も含めた、これらの見方すべてを取り上げる。

二元論を第一の見方と呼ぼう。六つの幅広い見方（すべてが相互に排他的というわけではない）は、それに代わる選択肢として際立ってみえる。以下に、それらについて手短に特徴を説明するが、過度に単純化されたものになるのは避けられない。

第二の見方。心（あるいは魂や精神）のようなものがあるとわれわれが考えているときには、われわれはわれわれの言葉のせいで誤解していると信じている人たちがいる。われわれはいたずらに物象化に耽っているだけである。すなわち、われわれは、われわれの語彙に、ある単語が含まれているので、われわれがある話し方をするので、これらの単語や話し方に対応する物事が存在しているに違いないと思い込んでいるのである。心に関して話すこと、例えば、自分の心を話す、自分の心を決める、ある特定の心の状態であるなど――そして、想像したり、考えたり、思い出したり、感じたりすることに関して話すこと――は、われわれが何をしているか、われわれが自分をどのように表現しているかを説明するような目的にとっては有用でありうる。しかし、そのように話すことが指し示す隠れた実体や過程は存在しないのである。心を決める《メイクアップ》ことは、ベッドを整える《メイクアップ》こととは同じではないのである。

第三の見方。心的な言葉はまったく使い物にならないと信じている人たちがいる。われわれがするすべてのことは、われわれが生まれ持ってきたものとわれわれの環境がわれわれに対してすることとによって科学的に説明できる。すなわち、心はなくても説明できるのである。この見方では、行動は、環境刺激に対する反応から成り立っている。ある刺激は、生得的に特定の反応を呼び起こし、さらなる反応は「条件づけ」によって、すなわち、他の刺激と一緒に生じる刺激によってか、あるいは、反応の後の報酬の生起によって、獲得される。

第四の見方。今度は、心は表象から成り立っていると信じている人たちがいる。この見方では、わわれわれの頭の中には、その外にある物事を指し示す記号《シンボル》が存在し、考えるということは、これらの記号を規則に従って変換することによって成り立っている。考えるということは、コンピュータの中のソフトウェアを使った情報処理に似ているのである。

第五の見方。さらに、心を実在の脳神経生理とみなす人たちもいる。この信念を持つ人たちは、脳の十分な理解が達成された時点で、心的な用語は、老兵のように消え去るのみだと信じている。考え、信念、愛、罪悪感といった類について話す人はもはやいなくなるだろう。その代わりに、われわれは、神経生理的過程の辞書を引くことになるのである。

第六の見方。典型的には、人間のより社会的な側面に関心を抱いている心理学者は、そして多くの他の社会科学者も同様に、心的な状態や過程を理論的構成概念とみなし、重力やクォークやブラックホールのような物理科学の理論的構成概念と似たものとみなしている。つまり、動機や態度や信念は、それ自体は観察できないけれども、観察結果を説明するために仮設された構成概念である。そのような構成概念は、観察できる結果によって操作的に定義され、そして、それらに関する仮説が実証的検証に付されることになるのである。

第七の見方。最後に、社会生活に関心を抱いている人たちがいて、心的な状態や過程を、別種の構成概念、つまり、観察にではなく、最も実体のある文化的慣習に支えられた構成概念とみなしている。社会構成主義者にとっては、心的な状態や過程に関する概念は、文化という、砂で築かれた城である。つまり、二元論以外の方法はたくさんある。心的な用語は、科学的理論の構成概念へと言い換えられることになるかもしれない。心的な用語は、頭の中のソフトウェアの説明方法であるかもしれない。

そのような用語を使って話すことは、言葉の使用に関する社会的、ないしは文化的規則に従っているのにすぎず、それ以外のものを指し示していないのかもしれない。あるいは、この言葉が実際に何かに関するものであれば、その何かとは、われわれの行動——あるいは、脳にすぎないのかもしれない。あるいは、欲求や信念などの構成概念に関して話すことは、それ自体が惑わされていることであり、われわれがより進んだ理解を達成するときには、最後には消えてなくなるものかもしれない。

いったい心はどこにあるのだろうか。いったい心とは何なのだろうか。上述した七つの可能性のそれぞれは、真剣な思想家たちによって提案され、あれやこれやと議論されてきた。これらのさまざまな可能性は、めったに一緒に論じられることはなかったが、そういうことがあるとすれば、たいていは、それは哲学者によって専門的な哲学的問題の文脈の中でそうされてきた。しかしながら、これらの可能性の意義は、外へと広がっている。暗に、あるいははっきりと、その見方は、哲学者や哲学の学生に対してだけでなく、さまざまな分野の、特に心理学の専門家や学生に対して、また一般人に対しても、その痕跡を残してきた。多くの場合、ある特定の見方が当然とみなされ、他の見方は、かりに知られていたとしても、真剣には考慮されていない。あるいは、ひとつの見方、例えば二元論は、日常生活で採用され、心を脳とみなすような正反対の見方は、学術的生活や科学的生活で仮定されている。きっと心理学者やその学生たちにとっては、このような事態は満足のいくものではないだろう。心がどのような見方をされるかは、すべての人にとって重要である。それは、単に知的な理由からだけではなく、さまざまな見方は、自分自身に関するさまざまな考え方とさまざまな在《あ》り方を推し進めることになるからである。

われわれ二人の心理学者は、心に関する考え方を明確にしたいと思って、本書の執筆に取り掛かった。われわれは、二元論から出発して、七つの見方のそれぞれを体系立てて取り上げ、できるだけ共感しながら検討しようとした。われわれは、それぞれの見方に長所があると思ったが、そのどれもが完全には満足のいくものではないと思われた。われわれの周航が、ここで再現される。それぞれの見方を、われわれの航海の寄航港と考えて、それに一章が割り当てられる。各章で、われわれは、その見方のエッセンスと、それを支持するために考えられる理由と、それへの批判に対して考えられる擁護を紹介しようとする。そして、われわれは、それぞれの見方が、その長所にもかかわらず、なぜ究極的には十分とはいえないと思うのかを明らかにする。われわれは、専門用語を使わない書き方を試み、専門家だけでなく学生や一般人にも話し掛けようとした。読者諸兄姉は、われわれの旅に同行して、われわれがそれぞれの見方に見出す諸問題にもかかわらず、われわれが、それぞれが持つ長所の統合に取り掛かれば、近い将来にわれわれの問題が解決しそうかどうか検討してほしい。

第一章

物理的世界とは異なるものとしての心

多くの人びとにとって、われわれ一人ひとりが、物理的世界とは異なる心や魂を持っていることは自明のことのように思われる。それが信仰の中心的な教義になっている人たちがいるが、彼らだけでなく、多くの世俗主義者も、純粋に物理的な世界は実にすっかり荒涼とした世界だ――無意味で無情で寒い――と信じている。比べてみれば、シベリアでさえパラダイスだろう。生きるための理由、あるいは少なくとも完全にシニカルな生き方以外には生きるための理由はないのかもしれない。何が善く何が悪いかを気にする理由もないかもしれない。実際に、信仰者も世俗主義者も同じように、現代社会の道徳的退廃を、二元論的態度の衰退と物質主義の隆盛のせいにすることが多い。物質主義には、その元来の意味（物理的なもの以外には何も存在しない）だけでなく、その派生的な意味もある。つまり、心や魂や精神のようなものは存在しないのだから、具体的な報酬を通貨で清算できないものは追い求めるには値しないという意味である。

二元論の否定は、欧米文化の中心的考えに対する攻撃、われわれの社会が大切にしているすべてのものに対する攻撃と受け取られることが多い。もしわれわれが単なる機械であるとすれば、自由にはどのような意味があるのだろうか。もしわれわれの行為が物理法則か偶然だけの結果であるとすれば、われわれは自分のすることにどのようにして責任を負えばよいのだろうか。正義、自制、自律にはどのような意味があるのだろうか。

しかし、二元論が否定されて、たとえ人生が無意味なものになったとしても、たとえわれわれの大切な習慣や制度が姿を消したとしても、そう考えるだけでは、二元論を妥当な教義とするには十分ではないだろう。そう考えても、心が物理的なものから本当に区別できることを示すことにはならないだろう。自分自身のことを、偶然か物理法則によってあちこちに跳ね飛ぶよう命じられた分子の連鎖にすぎないと考えると、われわれは心が乱れ苛立つかもしれないが、われわれがそのような可能性に不快だからといって、物質主義が事実ではありそうにないとするわけにはいかない。それがなくなればよいと思ったり、それに反対する有無を言わさぬ議論をしたり、それを否定することを信仰箇条のひとつにしたりするのは、妥当な選択ではない。もしわれわれが真実に到達する希望を持ちたいのであれば、二元論に対する賛否の議論を検討しなければならないし、われわれは、それらの議論をそれらがもたらす結果にとらわれることなく評価しなければならないだろう。しかし、これらの当然視されている結果は誇張されてきたという可能性もある。最初にそう見えたほどには二元論にしがみついてはいないというのが事実かもしれないし、これが事実でなくても、われわれはそう提案するだろう。

デカルト学派の混同と超常現象

心と身体の明確な区別のための名高い議論は、一七世紀に哲学者デカルト（1637/1951）によって、知識の確実な基礎を見出そうとする努力の中で展開された。彼は、自分が信じるものすべてを疑おうとしたが、彼の名前をおそらく永遠に連想させることになる原理、「われ思う、ゆえにわれあり」は、疑うことができないことを見出した。同時に彼は、自分が身体を持っておらず、物理的な位置を占めていないと仮定することすらできた。「私はそれゆえに結論する」と彼は述べた。「私は、すべての本質や本性《ほんせい》が、考えることにだけ存在する実体であり、それが存在するためには、いかなる場所をも必要とせず、いかなる物質的な物事にも依存しない実体である。その結果、『私』は、つまり私が私であるゆえんの心は、身体とは完全に区別されたものである……」(1637/1951, p.28)。

しかしながら、デカルトは、自分の身体が存在することを疑いながらも、自分の心――考えている心――が存在することを信じることができている、それも確信を持って信じることができているということは、彼が自分の心を自分の身体とは異なるものだと考えているのにすぎず、それが実際に自分の身体とは異なるものであることを証明しているのではない。われわれの物事の考え方は、必ずしもその物事の在《あ》り方ではない。例えば、古代ギリシア人は、明けの明星と宵の明星をフォスフォラスとヘスペラスという、二つのまったく別の星と考えていた。フォスフォラスは、一年のある時期の朝にだけ東の空に見えた。ヘスペラスは、一年の他の時期の晩にだけ西の空に見えた。しかしながら、天文学の一致した意見が現代のわれわれに教えてくれるのは、二つの星が存在しているのではないということである。二つの星と考えられていたものは、ひとつの星、むしろひとつの惑星にすぎない。金星であり、フォスフォラスとヘスペラスではないし、ローマ人の命名にあるようなルシファーとヴェスパーでもない。

もちろん、デカルトの議論は、不遜なおどけ者（たぶん、イギリスの実証主義哲学者だったと思う）の作り話を実際に生み出した。それは、あるパブでのデカルトについてであり、彼が何杯か胃袋に収めてから、パブの主人から閉店前に最後の一杯がほしいか尋ねられる。彼は「そうは思わない」と返事をすると、すぐさま彼は消えてなくなってしまう。考え方《ありかた》を現実と混同することは、明らかにデカルト学派の健康を害することになるだろう。

物理的世界とは異なる心的世界や精神的世界の存在は、超感覚知覚による読心術や念力のような、物質を凌駕する心や祈りの功力など、超常と思われている現象によって実証されると受け取られていることがある。しかし、この種の現象の証拠は、せいぜい弱いものである。はっきりしたケースは、たいてい、偶然の一致や記憶の歪みやいんちきなどの可能性によって説明できる。公平に言って、超常現象の研究に対する公平で公正な評価は有望とはいえないだろう（e.g.Hyman, 1989）。そのような存在を支持する研究が報告されることがあり、それらは、より伝統的なタイプの研究で通常受け入れられているのと同じくらい注意深く、また厳密であるように見える（e.g., Bem, 2011; Bem & Honorton, 1994）。しかし、そういった明らかに支持する研究に関して後になってしばしば表面化するのは、追試の欠如にまつわる問題である（e.g., Milton & Wiseman, 1999）。さらにもっと意義のあることであるが、その結論がどうなるかによって、現在の科学的理解を激変とまではいわないまでも思い切って修正しなければならないという正念場にあるときには、その論争となっている結論がまったく異常でも何でもないときよりも、もっと強力な証拠を要求するのが適切だと思われる。

物理的な用語では理解が難しそうな超常と思われている現象は、たぶん荒唐無稽だろう。しかし、二元論者は尋ねるかもしれない。われわれの思考、われわれの目的、われわれのまったく日常的な意識経験のようなもの、これらすべてのように、極めて正常で明らかに自明の現象はどうかと。これらは現実ではないのか、そして、これらが物理的現象とは異なっているというのが、まさにこれらの現象の定義の欠かせない部分ではないのだろうか。しかしながら、これは、それ自体では二元論を支持しないだろう。その問題は、ここでも再び、デカルト学派の混同、つまり、われわれの物事の考え方とその物事の実際の在り方との混同に関わるものである。非物理性は、まさに心性の定義の欠かせない部分であると主張することは、最初の段階だろうが、その次に必要な段階は、このように定義された心性が何か存在するものに当てはまることを明らかにすることである。明けの明星と宵の明星については、前者が朝にだけ見え、後者が晩にだけ見えるというのが、それらの定義の欠かせない一部となっていた人たちがいたが、今やわれわれは、ひとつしか星がないことを、そして、それは実際にはひとつの惑星であることを知っている。もし、心的ということを非物理的と定義するならば、心的なものは何もないのかもしれない。

自由意志はどうか

二元論を支持するもっと説得力のある議論は、人間の選択と自由に基づいてもよいだろうか。単なる物理的対象の運動は、偶然によるのでなければ、物理法則によって決定されている。これとは対照的に、人間は自由意志を持っているように思われる。われわれは選択を行ない、そして、そうしながら、われわれは、いつでも違った選択ができただろうと感じている。さらに、自由意志に対するわれわれの確信は、われわれが置いている価値以上にずっと基本的なものであると議論してよいかもしれない。かりにわれわれがするすべてのことが前もって決まっているのならば、なぜわれわれは努力などというものをするべきなのだろうか。なぜわれわれは運命論にただひれ伏すべきではないのだろうか。もしわれわれの選択が、自分自身の外部の要因によってすべて決まっているのならば、どのようにしてわれわれにそれらの責任を負うことができるのだろうか。そして、われわれが大事にしている社会的、政治的自由という理想には、どういう意味があるのだろうか。

これらの主張は強力に見えるが、これらが、われわれの行為が、法則や偶然によって決まっているのではなく、自由意志に基づいていることを支持する説得力のある議論になるとは、われわれは思わない。もし自由意志が否定されても、それほど多くの必要なものが失われるとも、われわれは思わない。われわれは確かに、われわれが選択をするという点では自由意志の擁護者と同じ意見である。しかし、それらの選択それ自体は、われわれの生物学的自然と、どのようなものにせよわれわれが、魚のように、その中で泳いできた環境（まさに、子宮の中でもある）によって決まっているのかもしれない。われわれは選択をするとき、いつでも違った選択ができただろうと感じている。しかし、かりに他のすべてが同じままであっても、われわれは本当に違った選択ができたのだろうか。こういった状況のもとで、われわれが実際に違った選択をできたかどうかは、決して明らかではない。悪魔は、「他のすべて」に宿っている。あなたの自然そのものは、あなたが行なう選択をあなたにさせるよう仕向けるものも含んで、過去に生じたことの結果だろう。かりに他のすべてが、あなたの発達に影響したすべての要因も含んで、同じままであったとしても、あなたが違った選択をできたかどうかは、決して明らかではない。もしあなたの選択が単に偶然に基づくものでなかったならば、少なくともそうである。しかし、偶然の選択の場合は、どう考えてもあなたのものだとは言いがたいだろう。たとえ他のすべてが同じままであったとしても、いつでも違った選択ができただろうというあなたの感覚は幻想だろう。それは、あなたをあなたの在り方にしてきた要因について、そのすべてをあなたがどうやっても自覚できないことによって生じる幻想である。

われわれの遺伝子、われわれの文化、われわれ一人ひとりの歴史が、われわれが行なう選択に影響することは、ほとんど疑問の余地のないことである。ジョン・B・ワトソン（1930）は、どんな正常な子どもでも、泥棒になる選択をするように育てることができると主張した（第三章を参照）が、このことは事実ではないだろうし、明らかに、われわれ一人ひとりは、もし環境的背景が文化的にも個人的にも異なっていれば、人生で何か異なる選択をしていただろう。同じように、われわれは、もし異なる遺伝子を持って生まれてくれれば、何か異なる選択をしていただろう。ドーパミンD2受容体の異常遺伝子は普通の日常活動から喜びを得る生物学的能力を低下させることが分かっているので、かりにアルコールやその他の乱用薬物の中毒者の中にその遺伝子を持っていない人たちがいれば、彼らは自分が中毒にいたるような選択をしていなかったかもしれない（e.g., Blum, Cull, Braverman, & Comings, 1996）。彼らには、他のもっと日常的な楽しみによる喜びの感情があまり手に入らないので、彼らは、この遺伝子異常がない人たちよりも、「はっきりノーと言う」ことが難しいのである。

二元論者は、生物学と環境の影響を認めながら、しかし、それらは完全に決定的とはいえない影響にすぎないと論じるだろう。ドーパミンD2受容体の異常遺伝子を持つ人が中毒にならないことは難しいかもしれないし、暴力と虐待のただ中で育った人が自分で暴力を振るうのを避けることは難しいかもしれないが、そのような前提条件を持ったすべての人が面倒を起こすわけではないし、そして、偶然だけでそうなるわけでもない。個人一人ひとりがするべき選択がまだあるのである。さもなければ、何がわれわれを運命論から守ってくれるのだろうか。もしすべてが前もって決まっているのなら、なぜ努力などするのだろうか。

われわれは、個人の選択が重要であることについては二元論者と同じ意見である。あなたが何をする選択を行なうかが無意味だという意味で、すべてが前もって決まっているわけではない。実際に多くの場合、何が生じるかに、自分で気づかないほどの大きな影響を及ぼすことができる。個人の選択が自分次第だということを認識しておくことは重要であるが、しかし、このことは決定論と矛盾するわけではない。しかしながら、決定論といっても、運命論を意味しているのではなく、単に、あなたがあなた自身、自然の一部分であり、自然の因果関係の領域の外にいるわけではないということを意味しているだけである。あなたは、それまでに過ぎ去ったこの無数の物事（あなた自身の以前の選択を含んで）のすべてを経験している人になっているのである。しかし、ある特定の時点で、もしあなたが違った選択をすれば未来も違ったものになるだろう。あなたの選択は、これまでに生じたものを通してあなたがそうなったものによって決まっているといっても、それは、あなたが何をするかが重要ではないということを意味しているのではないのである。

二元論者は、これでもあまり慰めを感じないかもしれない。二元論者は尋ねるだろう。私の選択は、結局のところ、実際には私自身の外部の要因によって完全に決まっているということを、決定論は意味していないのだろうかと。私の生物学的自然は、私が遭遇する環境の中の不測事態も同じように、すべて究極的には、私が存在すらする前に生じた出来事によって決まっているのである。それなら、私は私がすることに、実際にどのようにしたら責任を問われることができるのだろうか。私がすることは、なおも私次第だという答えや、私がすることをするかどうかの決定は、なおも私次第だという答えでは、不十分に思われる。二元論者は具体的に尋ねるかもしれない。もし人びとがすることが、究極的には、彼らの自由にならない事柄によって決まっているのであれば、彼らが罪を犯したとき彼らを罰するのは公平だろうかと。われわれが、犯罪者の生い立ちに、その個人の良くない行動の原因となる要因があるのに気づくと、われわれは、罰を軽減することがふさわしいと考えがちである。かりにわれわれが、彼らを犯罪にいたらせたすべての要因を完全に理解すれば、われわれは、罰なんてまったくふさわしくないと考えるようにならないのだろうか。

非二元論者たちは、それに応えて、いくつかの主張をするかもしれない。ひとつは、たとえ自由意志がないことによって、犯罪者を罰するという慣例的な社会的、政治的慣習を支持することができなかったり、それらにうまく合わせられなかったりするからといって、そのことが自由意志に賛成する妥当な議論になっているとはいえないだろうと。考慮するべきもうひとつの主張は、おそらくこれらの慣習は、望ましくない行動を思いとどまらせるために効果がある点で、実用的な観点から正当化できるだろうと。さらに別の主張は、おそらくこれらの慣習は、罰というよりもむしろ更生に重きを置いて、いずれにしても修正されるべきだろうと。

一方で、ある非二元論者は、復讐や単なる当然の報いという考え方が、自由意志がないことと完全に整合していると考えすらするかもしれない。ある人がある行為を行なうとき、そのように行為することを選択したのはその人である。つまり、何がその人をそのように成長させたとしても、その人がその特定の選択をこのように行なっているのである。もしその人が、その行為を控えることによる有害な結末に脅えていないとすれば、もしその人が、その行為が生み出す結果や他の行為の可能性について誤解していないとすれば、なぜその個人は、その行為の責任を問われるべきではないのだろうか。

　われわれが、犯罪者の生い立ちに、その人の良くない行動を説明できる要因があるのに気づくと、われわれは、その犯罪には罰を軽減することがふさわしいと考えがちであると、かりに認めよう。しかしながら、こう認めたからといって、もしわれわれがその人の生い立ちを完全に理解すれば、われわれがその人をすっかり無罪放免にするだろうと言いたいわけではない。おそらく、われわれはなおも、その人が罰を受けるにふさわしいと考えるだろうが、それは、同じような犯罪者で有利な生い立ちを持つ人よりもそれほど厳しくはない罰である。なぜなら、その人は、誘惑に抵抗したり自分の行為を抑制したりするのに、より大きな努力が必要だったであろうから。これらの主張を考慮すると、自由意志が存在するかどうかにかかわらず、人びとには自分の選択に責任があるとみなすことは、まったく適切なことだといえるだろう。われわれの選択が、自分自身の外部の要因によって元から決まっているかどうかは、われわれにとっては、自由意志の信奉者たちがとかく考えているほどには重要なことには思われない。誰もわれわれを拘束していない限り、何がわれわれの現在の状態にいたらせようとも、われわれが選択を行なうとき、その選択はわれわれ次第なのである。われわれの選択は、運命論を避けるために、非決定論的であらねばならないわけではないし、そして、われわれの選択は、罰や報酬を正当化するために、非決定論的であらねばならないわけでもない。そして、もしわれわれの選択がわれわれ次第であれば、自由意志がないとしても、社会的、政治的自由の理想に完全に整合しているのである。ひいては、自由意志を否定しても、ときどき考えられているほどには過激な結果は生じないように思われるし、そう思われれば、二元論を疑問視することにもっと耐えられる人たちもいるかもしれない。

創造性はどうか

われわれは、単なる物理的対象と同じように、自由意志を持っていないのかもしれない。心を持つ人間と単なる物理的なものとの間の徹底した区別は、このように自由意志の議論からはほとんど支持できないのである。人間の創造性が、その区別のためのより説得的な議論になるだろうか。ベートーヴェンの交響曲、ピカソの絵画、エンパイア・ステート・ビル、電車や飛行機やテレビやコンピュータなどについて考えてほしい。これらの偉大な発展には、創作者や革新者——作曲家、芸術家、建築家、発明家——が必要だろう。そのような発展は、物理システムの過程のような規則的な法則的過程の結果としてではなく、創造的な心の働きの成果としてのみ理解できるように思われる。

しかし、何が理解でき何が理解できないかを、既知の方法で前もって知るのは難しいことである。それほど昔のことではないが、植物や動物の種《しゅ》の多様性を説明する唯一の方法は、神の手によってそれらが創造されたと仮定することであった。つい最近まで、無機物とは異なる生命それ自体の存在は、特別な力によって決まるといわれていた。それは、生命の躍動《エラン・ヴィタル》である。今日、科学者たちは、生物学によって種の起源と生命の起源の両方を説明できると信じている。科学は、以前にはその範囲を超えていると思われていたものを少しずつなくし続けているのである。

今や、新しい産物が、実にコンピュータによって創造されている（Boden, 1994, 2004）。コンピュータは、今まで誰も考えることすらできなかった数学の定理を創出している。指定した作曲家のスタイルの新しい音楽を、その作曲家の現存する楽曲のデータベースがあれば、それを手掛かりにして創造することができるコンピュータ・プログラムがある。モーツァルトの手によらないモーツァルトの交響曲がほしければ、それが叶えられるのである。チャーリー・パーカーやディジー・ガレスピーの即興スタイルのジャズを、それらの即興家がよくやる二、三の基本的な演奏を手掛かりにして創り出すプログラムもある。

こういった発展はどこまで進むことができるのだろうか。それらは進むことができないだろうし、これ以上進むこともないだろうと考える理由はない。二元論者は異議を申し立てるだろう。コンピュータは、これらの創造的妙技を実行するよう人間によってプログラムされなければならないが、われわれは自分自身でそれを実行するのだと。しかし、われわれは本当にそれらを「自分自身で」実行しているのだろうか。すべての人にとって新しい産物がコンピュータによって創造されることが、プログラマーが提供した足場によって説明されるのと同じように、そういった産物が人間によって創造されることは、進化が提供した生物学的な足場によって説明されるかもしれない。このように、創造性について検討しても、われわれが自由意志の検討で見出したように、心を持つ人間は単なる物理システムには処理できない能力を持っていると考えるための説得的な理由は与えられないように思われる。

機械に意識はあるか

しかし、二元論者は、こういった類の能力は他にはないのだろうかと尋ねるだろう。おそらく、最も重要なものとして、人間には意識がある、すなわち現象的経験ができるというものがあり、おそらく、ほとんどの人びとの意見では、これが二元論を支持する最も説得力のある議論になるだろう。機械には意識があるのだろうか。その質問自体がばかげて見えるかもしれない。機械がどんなに人間に似せて作られようとも、機械はなおも現象的経験を欠いているのだろうか。すなわち、感情、痛み、意識的思考、知覚、情動、欲求を欠いているのだろうか。人間のように行動する機械は、単なるゾンビだろう。

二元論を支持する議論をするさいに、物理的材料だけで構成されたものによって意識は達成できないと仮定することはできないと断言する批評家がいるかもしれない。それは問題をはぐらかしていることになるだろう。おそらくその批評家は、われわれは、もし機械が実際にわれわれと同じように行為するのであれば、機械にも意識があるとするべきだと言うだろう。結局のところ、自分以外の人びとが意識的な経験をしていることが、われわれにはどうしたら分かる（少なくとも、分かると思う）のだろうか。何を根拠に、われわれは、友人や隣人や恋人にこれがあると認めるのだろうか。われわれは、彼らの行動に基づいて、こう推測するのではないだろうか。それならば、もしロボットがわれわれと同じように行動すれば、われわれはロボットもまた意識を持っていると推測するべきではないだろうか。

われわれの意見では、コンピュータなどの機械と同じ種類の材料だけで作られたロボットは、決してわれわれが意識を持っているという意味では（あるいは、われわれが行動しているように行動するためには）、意識を持つことはできないだろう。しかし、こうだからといって、二元論を支持するには十分とはいえない。もしかしたら、いつの日か物理化学的材料から新規の原形質を調製することが可能になり、究極的には、そのような材料からもうひとつの人間、すなわち人間自身に身体的に類似した構造物を作り上げることができるかもしれない。確かに、われわれは、リドリー・スコットの一九八二年の映画『ブレード・ランナー』の主人公が未来のロサンゼルスで恋に落ちた「レプリカント」のようにほとんど人間に近いものを作り上げるのに必要な知識を持つにはほど遠いところにいる。ましてや、人間の身体組成を完全に複製するのにはほど遠い。しかし、完全なレプリカの原理的な可能性を妨げるために何があるというのだろうか。分子生物学やゲノム研究などの果敢な新しい世界では、ほど遠いと思われていたものが、だんだんとわれわれに近づいてさえいるだろう。そのような完璧なレプリカが、かりにも創造できるとして、そしてそれが人間とちょうど同じように行動するとすれば、それに意識があるとすることを否定する根拠は何もないように思われる。

意識的経験は私的ではないか

物理システムと人間との間に仮定した違いに基づいて二元論を支持する他の議論と同じように、物理システムは意識を達成できないという議論は持ちこたえられそうにない。しかし、意識に基づいて二元論を支持するための、さらなる議論がある。そのひとつは、物理的なものは、原理的には、自分自身に理解できるのと同じように他の人にも理解できるように思われるが、このことは意識的な経験には当てはまらない、というものである。それは、結局のところ、私の経験であり、他の誰のものでもない。意識的な経験は私的であり、公的ではない。哲学者サミュエル・ガッテンプラン（1995）は、歯医者にかかったときの報告をしている。その歯医者は、彼に、もし痛みが本当にひどくなったら手をあげれば、削るのをやめると言った。しかし、ガッテンプランが言うには、彼が苦しみもがいて、ついに手をあげたとき、その歯医者は「私が君にしているのは、痛くないことだよ。君は痛くないよ」と言ったのである（p.46）。

後になって、ガッテンプランは、この経験を楽しかったと振り返っている。彼は自分が痛いかどうか、その歯医者ほどには分からなかったのだろうか。もしかしたら、フロイトが主張したように、心的状態の中には、怒りや嫉妬のように、他の人には分かるのに、その状態にある人には分からないものがあるのだろう。しかし、少なくとも私自身の痛みなどの意識的経験に関していえば、私は特別に恵まれた立場にいるように思われるだろう。

それでは、個人が自分自身の意識的経験に対して持っているこの独特な関係は、二元論を支持する説得的な議論になるだろうか。答えはノーであり、それは説得的な議論ではないし、少なくともそれ自体ではそうである。多くの非二元論者たちは、そのような経験は実際には脳の状態であり、したがって物理的世界に属するものだと信じている。それらは、原理的に公的なのである。それで、その独特の関係は、人は自分自身の脳の状態に、他の誰よりも近密に結び付いているという事実によって説明できることになるのだろう。

意識的経験は本当に脳の状態か

しかし、現象的経験を脳の状態とみなすのは本当に妥当だろうか。ある二元論者は、意識が物理的であるという、まさにその可能性について困惑を隠さないだろう。意識的経験は、獣の類のそれだとはどうしても思われない。現象学的には、われわれは、際限なく——明るい色、よい香りと鼻につく臭い、チョコレートの味とチョップレバーの味、脚の痛みと、われわれがどこか他の痛みに例える誰かに対する苛立ち、罪悪感の重苦しさ、愛の軽やかさ、オーガズムの激しい歓喜など、あらゆる種類の——経験をする。これらの経験が神経過程に依存していることの証拠は、大脳皮質の電気刺激によって鮮明な意識的経験の報告を生じさせることができるというペンフィールドの印象的な発見(Penfield & Perot, 1963)以来、特に多くみられる。しかし、現象的な色、匂い、味、感情などは、脳の活動とまったく同一のものだろうか。湿った塊の神経物質の中の電気化学的過程は、それらをどのように解析しようとも、現象的経験が提供するものを持っているようには思われない。

もちろん、ひとつの現象は、さまざまな水準で説明できるかもしれない。例えば、今この文章が書かれているテーブルは、硬い、安定した対象であるが、それはまた、空間をお互いの間やそれぞれの内部に保って振動する分子の集合体として説明することができる。あるいは、われわれが飲む水について考えてほしい。それは、連続的で均質な液体であるが、同時に、ここでもまた空間をお互いの間やそれぞれの内部に保っている分子の塊である。しかし、たぶん二元論者は、異なる水準の説明を持ち出しても、自分たちの問題は解決しないと主張するだろう。テーブルも水も、その分子と同じ空間を占めている。それらは、このようなより小さい粒子からできており、テーブルと水の性質は、分子の性質とその組成法によって説明できる。例えば、テーブルは、その分子が決まった位置で振動しているだけ、つまりお互いの相対的な位置を変えないので安定している。水は、その分子がより自由でお互いに前を横切ることができるので流動的である。このことを、一方では色や匂いや味や痛みの経験の性質と、他方では脳の過程との間の関係と比較してほしい。その二元論者は言うだろう。粗っぽくみても、前者は後者から成り立つものではなく、前者の性質は後者の性質によっては説明できないと。それは、同じ対象や実体に関する説明の水準がモルか分子かの問題ではない。あなたは、経験の中に魔法の顕微鏡を入れて脳の過程を見出すことはできないのである。

これに応えて、非二元論者は、特定の物理的過程によって説明できる現象的経験の例をあげることができるだろう。自分の目をこすると「光が見える」ように思われるのは、そのようにすることが、通常は光によって刺激される受容体を刺激する効果を持つからである。赤と青といった二つの異なる色が、赤と中央ハといった色と音よりもお互いに似ているように思われるのは、前者のケースでは、後者のケースよりも、より多くの同じ種類の神経過程が関係しているからである。黄色が色の中で特に明るく見えるのは、光に対する目の感受性が、他の色のスペクトラル焦点よりも黄のスペクトラル焦点で高いからである（e.g. Hardin, 1988）。われわれは、物理的に何が生じるかを知れば知るほど、われわれの現象学の中の多くのことを説明できるようになるのである。おそらく、魔法の顕微鏡は、やはり存在するのである。

しかしながら、この答えは十分ではないかもしれない。以上で解説した例のように、そもそも神経生理学的に説明できるものはすべて、特定の性質が経験に存在している程度であり、それらの性質がお互いにどのくらい類似しているかであると議論することができるだろう。ある性質が経験に存在している程度が大きければ大きいほど、それに関連する神経過程が関わっている範囲が大きく、そして、経験された性質がお互いに似ていれば似ているほど、それぞれの神経過程の間の類似性が大きいのである。しかし、あなたが、そのような程度や類似性に関する質問や判断を取り除いてしまうと、あなたに残されるものは、程度が大きかろうと小さかろうとそこに存在しているものは、それが何であれ存在しているということであり、あるいは、他の存在しているものが何であれ、それと多かれ少なかれ類似しているものは、それが何であれ存在しているということである。これらは、それ自体で質的な特徴、つまり経験された性質である。それらは、チェシャ猫の意味のないにやにや笑い以上のものに思われるし、それらは、あいかわらず、二元論を支持する強力で、おそらく反論の余地のない議論のままである。しかしながらと、二元論者は尋ねるだろう。神経生理学が進歩すれば、物理学者が、テーブルの安定性や水の流動性を分子の水準で生じていることによって説明できるように、経験された性質自体を説明できるようになるのだろうかと。魔法の顕微鏡は、まさにそれが最も必要とされているときに曇るのである。それで、二元論を支持する主張が、なおも行なわれるのかもしれない。

しかしながら、それに反対する強い議論がある。そのひとつをあげると、もし心と物質が完全に本質的に異なる領域であるとすれば、どうやってそれらはお互いに影響を与えることができるのだろうか。どのようにして脳の損傷や薬物は、考えることや感じることや行為に影響することができるのだろうか。どのようにしてペンフィールドの脳の電気刺激は意識的経験を呼び起こすことができたのだろうか（Penfield & Perot, 1963）。どのようにして欲求や決定は、それらを遂行するように身体の動きをもたらすことができるのだろうか。物理的宇宙は――すべての物理科学が仮定しているように――閉じたシステムであるので、非物理的なものはそれに影響を与えることはできないし、それの影響を受けることもできない。それなのに、どのようにしてそのような因果関係が作用しうるのだろうか。

二元論者の中には、この問題を、影響する力を物理的事象に対してだけ仮定することによって解決しようとする人たちがいる。そのような二元論者たちにとっては、心と物質の間の因果関係に思われるものは、そう見えているにすぎないのである。それらは実際には因果ではないのである。因果関係は、決して心的事象にはあるとされず、その心的事象が相関する物理的事象にだけあるとされるのである。例えば、人が欲求を持ったり決定をしたりするときにはいつも、潜在する脳の事象が、それに続く行為を実際に引き起こすものとなるのである。それらは本当にそこにあるけれども、意識的過程は、われわれの行動を導くというよりはむしろ、単にお相伴しているだけで、われわれがそれなしでもうまくやっていける無力な飾りである。これによって、二元論者は解決ができるかもしれないが、せいぜい無駄遣いに思われる。何もしない過程を仮定するべきだろうか。

宇宙の歴史が神の介在なしで進むと考えている人たちにとっては少なくとも、もうひとつの問題があり、それは、そもそもどのようにして非物質的な意識が発生できたのかというものである。閉じたシステムである物理的宇宙を仮定すると、どんな非物質的なものでも、進化を通しては決して発現することができないだろう。唯一発生することができるものは、物理的なものでなければならないだろう。それゆえ、超自然的な力がない限り、もし意識が非物質的であれば、それは、いつもそこら辺にあったに違いない。それでは、宇宙の状態がどんなに元始的であったとしても、意識はいつもその宇宙にあったのだろうか。もしかしたらそうかもしれないが、これもまた、ありそうにないことに思われる。

要約にとめよう。われわれはどこにいるのだろうか。われわれの見方では、二元論に賛成する議論のほとんどに対して説得力のある反論があり、二元論に反対する強力な議論がある。しかし、二元論者たちは、重要な問題を指摘しているだろう。それは、神経生理学では、経験された性質はそれ自体では説明できないだろうという問題である。心の他の見方は、この問題の解決の助けになるのだろうか。

簡潔に言うと

本章の心の見方は、物理的世界とは異なるものとしての心であるが、心的なものを物理的なものと異なるものだと理解している。心的なものの特別な領域を支持する二元論者の議論は、考えるということの特徴、超常現象、自由意志、創造性、われわれとゾンビの違い、意識的経験が私的であることに基づいていたが、それらすべては説得力がないように思われる。しかし、経験の質的な特徴を物理的過程によって説明することは困難であり、おそらく不可能である。もしかしたら、心と身体はまったく別のものであるかもしれないが、それでは、それらの間の関係はどのように説明できるのだろうか。二元論を拒否することは、自由意志を否定することであるが、これは、しばしば考えられているほどには厄介なことではないかもしれない。

第二章　話し方としての心

ドイツのある兵士が、第一次世界大戦の最中に家に手紙を書き、「彼の魂の物置部屋」が、「きらめく空想、破れかけたクモの巣だらけの希望、ぞっとする耳障りな原理、切ない記憶、むなしい夢」で溢れかえっていると言っている（Witkop, 2002, p.142）。空想、希望、記憶、夢、それらは何だろうか。それらはどこにあるのだろうか。次に検討する見方は、心に関するパズルやなぞなぞは、概念的混同に由来していると論じる。心的なものに本当の謎はない、見掛けの謎があるだけである。これらの見掛けの謎は、言葉がどのように働くかに関する誤解から生じている。謎は解明されなければならないのではなく、むしろ、そのような誤解を解くことによって解消されなければならない。したがって、われわれはこの見方の擁護者たちを、「心の謎消し人」、あるいは単に「謎消し人」と呼ぼう。

この見方の主要な支持者は、哲学者ルートヴィヒ・ウィトゲンシュタイン（1953, 1965）とギルバート・ライル（1949）である。ライルはその考えにウィトゲンシュタインの大きな影響を受けながらも、比較的単刀直入な書き方をしたが、限られた質問にしか関心を寄せなかった。それとは対照的に、ウィトゲンシュタインは、禅師にも似て、遠まわしに進めている。ウィトゲンシュタインの散文は、心の和む単純な質問や素朴な会話や目を引く分析や謎のような警句によって、読者を少しずつ啓発に向けて動かしていく試みのように読める。おそらくバートランド・ラッセルがケンブリッジ大学で彼を擁護する推進派についたので、そのようなうらやましいまでの異端なアプローチでうまくやりおおせたのだろう。その結末は、「解釈産業」である。現代のオックスフォード大学の哲学者P・M・S・ハッカーは、もう一人のオックスフォード大学の哲学者G・P・ベイカーと一部は一緒に、ウィトゲンシュタインの主要業績『哲学探究』（1953）に関する豪華な四巻の注釈書を著している（Baker &

Hacker, 1980, 1985; Hacker, 1990, 1996a）。そして、われわれは、特にこの注釈書の恩恵を受けている。
ライルとウィトゲンシュタインは、すべてのことで同じ意見であったわけではないし、そして、彼らのそれぞれには異なる解釈がある。われわれの努力は、彼らが共有している見方の要点と思われるものに主として焦点を当てて、どちらか一方に独特なことは、心の謎消し人の見方を明確に、そしてできるだけよく分かるように紹介するさいに、特に役に立つように思われるときにだけ取り上げることにする。ハッカーのもう一冊の本『二〇世紀の分析哲学におけるウィトゲンシュタインの立場』（1996b）は、より詳細な学問的問題の議論のための優れた情報源である。

謎消し人たちによれば、われわれが、心に関する哲学的パズルにとりつかれるとき、どうしてこうなるかといえば、われわれが、ひとつのカテゴリーに属している単語を、まるで別のカテゴリーに属しているかのように扱っているからである。すなわち、われわれは、ある点で他のものにも同じように使うことができる単語を、その単語を使うことができない他の点でも同じように使うことができるかのように扱っているからである。具体的に言うと、われわれは、心理的なものについて話すとき、われわれが物理的なものについて話すのと表面的に類似した方法で話すので、われわれは、前者が、その特定の個人以外には目に見えないので非物質的で主観的であるという点を除いては、まさに後者のようなものと考えがちなのである。ライルが示唆しているように、それはまるでわれわれが次のように結論するようなものである。われわれは「普通の納税者」について、仲間の市民について話すのと同じように話すので、われわれは、前者には街で出くわすことはできないけれども後者には出くわすことができるので、それゆえ普通の納税者は、仲間の市民に似ているということになるけれども、実はそれは、謎に包まれた実体のないものである――いわば、経済機構の中の幽霊である。

謎消し人たちが指摘するように、われわれの特徴的な修辞法によって、物理的用語が原因を指し示すように、まるで心理的用語が、われわれがすることの原因を指し示しているかのように言っている。われわれは、目的行動が内部の欲求や動機によって生じているように説明するし、問題解決が内面的な思考過程によって生じているように、ライバルに対する攻撃が隠れた嫉妬感情によって生じているように説明する。その修辞法がさらにわれわれに教えているように思われることは、欲求や感情や思考が、われわれの個人的な特性であり、その特定の個人が（いつもそれらを意識しているかどうかにかかわらず）直接に知りうるものであり、他の誰も知りえないものであるということである。それで、われわれは、それらを、内面的で私的であるという点を除いては、行動の物理的な原因のようなものとして受け取るのである。それらは、「魂の物置部屋に住んでいる」のであり、それほど内面的で私的なことがありうるだろうか。

心の謎消し人たちによれば、これらすべては深刻な誤解である。欲求や思考や感情のようなものは、行動の原因ではない。それらに関する内面的で、それゆえに私的なものも何もない。というのは、心的な用語は、他の人が目の当たりにできないことを指し示しているのではないからである。つまり、「ある人の心について話すことは、『物理的世界』と呼ばれるものが入れておくことを禁じられている対象を入れておくことが許されている倉庫について話すことではない」（Ryle, 1949, p.199）のである。まず、因果関係の問題について検討しよう。その後で、われわれは内面性について取り組もう。

心的原因はあるか

われわれが、われわれの行為のための隠れた心的源泉を探し続け、そして、それを見出していると思えていることは、「考えることとの一般的な病」であると、ウィトゲンシュタインは書いた（1965, p.143）。欲求や思考や感情を持ち出せば、行動を説明するために役立つのは真実である。しかしながら、そうだからといって、それらがその行動の（隠れた）原因となるわけではない。典型的な間違いは、説明というものは、その原因というかたちで行なわれない限り、本当の説明にはなっていないと考えることである。その間違いは、もしAがBを説明するならば、Aは、Bの原因となる何か他の異なるものでなければならないと仮定することである。確かに、それはひとつの説明ではあるが、実際には、唯一の説明というわけではない。

ある事象の説明は、その説明しようとする事象とは異なり、そして、それを生じさせる何か他のものを備えなくとも、そのようになりうる。ライルに語ってもらおう。

「なぜ鳥は南へ飛んでいるのか」という質問は、「渡りをしているからだ」と言って、実に適切な答えができるだろう。それなのに、渡りの過程は、南に飛ぶ過程とは異ならないのである……それでまた同じように、なぜある人がある本を読んでいるのかを訊かれると、「彼が読んでいるものに彼は興味があるからだ」と返答するのが正しいことが多い。それなのに、その本を読むことに興味があるということは、その興味がその読書の原因であるというように二つのことを行なったり経験したりしているわけではないのである。

（1949, pp.142-143）

鳥が南に飛んでいるのをその渡りで説明したり、人が本を読んでいるのをその本に対するその人の興味で説明したりしても、南への飛行や読書を、その事象の原因となる別の過程で説明していることにはならない。しかし、これは、モリエールの「名医」が、アヘンで眠くなるのはそのヴァータス・ドルミティヴァ——その催眠特性——のせいだと説明したような、見せ掛けの説明やトートロジーのむなしい練習問題でもない。その主張は、鳥が南に飛ぶのは南方飛行傾向のせいだとか、その人がその本を読んでいるのはそれを読む傾向性《ディスポジション》のせいだと言っているわけではない。南に飛んで、自分のねぐらや決まった餌場に戻っているだけの鳥とは対照的に、渡りをする鳥は、同じように南に飛びながら、ほんのしばらく南に飛ぶだけでなく、ずっと南に飛び続けもするだろうし、付近にねぐらを作りそうにもないだろうし、などなどの傾向がある。それで、渡りをする鳥がなぜそのように行動するのかについて進化のメカニズムの観点から何かが分かる、あるいは分かるようになるのである。ある本を読むことに興味のある人は——授業の宿題のためや、その配色がその人の服装にあっているからという理由でそれを読んでいるだけの人とは対照的に——特にこの本を読むだけでなく、他の服装のときに他の配色の版でも、同じ話題や同じ著者の別の本も読むと予測できるだろう。それで、その人がその本に興味を持っている有力な理由について何かが、例えば、その人が心配している問題についてその本が解決法を提案しているとか、その筋書きが曲がりくねっていて予断を許さないとかといった何かが分かる、あるいは分かるようになるかもしれないのである。鳥の飛行や人の読書を、それぞれ渡りや興味で説明することによって、その飛行や読書は、より広い知識のネットワークの中に当てはめられて、その説明が妥当かどうかを確認することを可能にするような、さらなる意味がもたらされるのである。

何らかの心性主義を持ち出す行動の説明の多くは、上で解説したばかりの説明のようなものであると、謎消し人たちは考えている。それらは行動を説明しているが、それの原因となる何か他の異なるものを指摘していないのである。例えば、シアドーラが冷蔵庫のところに行くのは、彼女がさまざまな欲求を持っていることで説明されるかもしれない。彼女は何か食べたいのかもしれないし、何が減っていて補充が必要か知りたいのかもしれないし、ある特定のスイス・チーズが国産品か輸入品かを確認したいのかもしれない。これらの欲求のどれもが原因となるように見えるかもしれないが、それはまやかしである。どれも原因については何も言っていないのである。これらの欲求のどれもが、シアドーラの行動を、彼女の内部にあってそれを生じさせる何か他のものについて語ることによってではなく、彼女の行動を一般的な知識の体系《スキーム》に当てはめることによって説明しているのである。そのどれもが、その知識の体系とのリンクのおかげで、さらに検証可能な意味を持つことになるのである。

謎消し人は主張する。南へ飛ぶこと、本を読むこと、冷蔵庫に行くことは行為であり、そして、行為が運動と同じでないのは、運動には原因が必要だが、行為にはそれが必要ないからだと。行為は、あらゆる違った方法で実行できるかもしれない。鳥は、高くも低くも、速くも遅くも、たくさん羽ばたいてもほとんど滑ってでも飛ぶかもしれない。本は、猛烈な勢いで一気にもいちどきに少しずつでも読まれるし、声を出してでも静かにでも読まれるし、製本されたものでもコンピュータスクリーンでも読まれるかもしれない。シアドーラは、冷蔵庫に歩いても行くし、ワルツを踊りながらでも行くし、車椅子を転がしてでも行くかもしれない、などなどである。ここに実際の運動がどのくらい関係しているかによって、それらは筋肉の収縮によって生じていると考えられるし、さらに遡って、この収縮は神経インパルスによって生じていると考えられる。運動には原因がある。しかしと、謎消し人は議論する。南へ飛んだり、本を読んだり、冷蔵庫に行ったりする行動は、極めて多くの異なる方法で実行されるかもしれないので、それ自体の特別な原因を持ってはいないのだと。

それでは、欲求は行為の原因ではないという点で、謎消し人たちは正しいのだろうか。われわれの意見では、欲求が行動を説明できるという事実が、欲求が原因として理解されなければならないということを意味しているわけではないという点で、少なくとも彼らは正しい。同じことが、信念や思考や情動など、心的あるいは心理的出来事と仮定されている長いリストに関して当てはまる。それらのどれもが、それがどのように期待されていたかを、われわれが持っているさらなる知識の観点から明らかにすることによって、原因に言及することなく行動を説明することができるのである。信念や欲求や思考が行動を説明できるとしても、それらがその原因であるかどうかは未解決のままなのである。

私的で内面的な心的実体はあるか

しかし、われわれは、行動を説明するためには信念や思考などが行動の原因である必要はないと認めたとしても、なおもわれわれは、それらの内面性やそれらが私的であるという断固とした事実にこだわらないだろうか。謎消し人たちは、これを否定しても正しいのだろうか。前の章の最後に、われわれは、意識的経験が、あらゆる現象的性質を伴って、もしかしたら、なおも二元論に賛成する論拠になると思われると書き留めた。これは、原因であろうとなかろうと、とにかくわれわれは、私的で内面的な心理的実体や事象を認めなければならないことを意味していないのだろうか。

痛みや寒さ（ついでに言えば、性的欲求）の感覚、赤い点や銀色の一角獣のイメージ、天気や政府の不正行為に関する思考、喜びや悲しみや怒りの情動は、われわれがいつも、私的で内面的な出来事を経験していることを意味しているのではないだろうか。心理的なものの多くが、たとえ個人的な物置部屋の内部に隠された中身を指し示さなくても解釈できるとしても、このようなことは、感覚やイメージや思考や情動については不可能ではないだろうか。これらはまさしく私自身の劇場で演じられているのである。結局のところ、あなたは私の頭の中に入って、私が感じていることを感じることはできないし、私のイメージを見ることもできない。あなたは私の思考を思考することはできない。ただし、もし私が妄想型統合失調症であれば、私は、あなたにそれができていると誤って疑うかもしれないけれども。あなたは私の悲しみや私の痛みを感じることはできない。ビル・クリントン元大統領はエイズ患者の痛みを感じることができると言ったけれども、もちろん彼が言いたかったのは、それらのために彼が私に同情を感じるということである。私の悲しみや私の痛み、私の感覚、私のイメージ、私の思考など、これらはすべて私の内部の私的な対象や事象ではないのだろうか。

心的因果性の主張を否定するのと同じように心的内面性の主張を否定する心の謎消し人たちにとっては、そうではない。彼らの考えでは、感覚や思考や気分について話すのと物理的な対象や事象について話すのとで同じような方法で話すという事実のために、人は、前者を私的で心的な対象や事象であるかのように勘違いしているのである。因果関係のときと同じように、われわれは、われわれの修辞法のせいで誤解しているのである。例として痛みの問題について詳しく検討しよう。それは、謎消し人たちにとって、解決に骨の折れる問題だからである。

人は、影像や本やフライパンを「持っている」と話すのと同じように、痛みについても、われわれが「持っている」ものとして話す。そして、たとえ痛みが、われわれが持っているものであっても、痛みは、他のこれらとはまったく異なる次元のものに違いない。人が影像や本やフライパンを持っていれば、それを売ったり譲ったりできるだろう。しかしあなたは、あなたの痛みの所有を移すことはできない。痛みは、好むと好まざるとによらず、そして、代わりにあなたの敵のものになればよいと思うかもしれないが、あなたが保有しているものである。さらに、あなたの痛みを感じることができるのはあなただけであるが、原理的には誰でもあなたの影像やあなたの本やあなたのフライパンを感じることができる。それで推論は進む。痛みは、物理的世界に属するようなものではなく、私的で内的な世界に属するようなものでなければならないと。

謎消し人は、そもそも痛みを持っていることは影像や本やフライパンを持っていることと同じではないことに着目して、この議論のあらを探すだろう。所有という言葉が誤解を生んでいるのである。「痛みは、人が保有し、人が影像を感じることができるように触ることができる対象ではない。「痛みを感じていることは痛みを持っていることである――それを感じていてそれを持っていないことはありえないし、痛みを持っていてそれを感じていないこともありえない」(Hacker, 1990, p.52)。風邪を持《ひ》っ《い》て《て》いるのと同じように、痛みを持っていることは、別の実体の傍らに並んで存在することでは決してないのである。

さらに謎消し人は尋ねる。他の人が痛みという単語を使うときに、どのようにしたら私は、その人の内面を覗いて、その人が話していることが分かると期待できるのだろうかと。もし痛みが私的な実体であり、すべての人が痛みとは何であるかを自分自身の状態でしか知らないとすれば、どのようにしたらわれわれがお互いの痛みについて話すことを理解できるのか、想像しがたいだろう。ウィトゲンシュタイン学派の似た話はこうである。「すべての人が何かが入っている箱を持っているとしよう。われわれはそれを『ビートル』と呼ぶ。誰も他の誰の箱の中を見ることができず、すべての人が、自分のビートルを見るだけでビートルが何であるかを知っていると言う。——さて、すべての人が自分の箱の中に何か異なるものを持っているという可能性が極めて高いだろう」(1953, Part 1, § 293)。

他の人が私の痛みを持ったり感じたりできないからといって、私の痛みが何か私的な内的世界に属しているという意味にはならない。むしろ、それは、単なるわれわれの言葉の使い方の結果であると、謎消し人は主張する。われわれの話し方によれば、他の人が「私の食べ物を食べ」たり「私の眉をひそめ」たりできないことも、同じような事実でありながら(Ryle, 1949, p.209)、こういった理由で、食べ物や眉をそのような隠れた内的世界に割り当ててよいかどうかと悩む余地はない。「靴屋は、もしその靴屋が私自身でなければ、その靴が私を痛めているのを感じることはできないが、これは、私のためだけの覗き見ショーから彼が締め出されているからではなく、彼が私の痛みの中にいるということが意味を成しそうにないからである」(Ryle, 1949, p.208)。(われわれは、彼がわれわれの靴をはいて、どこが痛むかを感じてほしいが、これはまた別の問題である。）

謎消し人たちは認めている。他の人びとが、「私は痛い」と間違って言うことはありうるが、私は、（不慣れな言語での私の誤用とか、演劇で滑稽《こっけい》に話すとか、私の痛みについて話すのを控えることができたり控えるべきであったりするときにそれについて話すとかというような意味は除いてであるが）これを私自身で間違って言うことはありえないと。しかし、謎消し人たちは、ここで私が間違えることがありえない理由は、私は私自身の痛みを観察できるが、他の人はできないからというものではないと論じる。私は私の痛みを持っていて、私はそれを観察しているのではない。かりに、自分の感覚を観察できるとすれば、ライル（1949）が述べているように、感覚の感覚を持っているということになり、「そして、これは明らかにとりとめのないことになる」。感覚の感覚のようなものは何もなく、かりにそれがあるとすれば、「感覚の感覚の感覚」もありうるだろうし、そして「その連続は永遠に続くだろう」（p.207）。

謎消し人たちの議論は続く。私が「私は痛い」と間違って言うことがありえないことの理由は、それが明らかに私的に見えるからではなく、むしろ、私が呻いたり泣き叫んだりという言語的解説をしているからである。今や、呻いたり泣き叫んだりするのは自然であり、いうなれば、胃のむかつきにせよ脚の骨折にせよ身体的傷害に対する原始的反応である。親などの社会化《ソーシャライザー》の担い手は、子どもが転んだりして怪我をした後に悲鳴をあげたり涙を流したりして泣きじゃくっているのに気づくと、彼らはその子に、その代わりやそれに加えて、その悲惨な状態を表すのに怪我や痛い！や痛みなどの単語を使うように教える。まさにその語彙は、きたない言葉が学ばれる可能性も含んで、社会化の担い手や下位文化によって違ってくるだろう。その後は、その子どもは、泣き叫んだり悲鳴をあげたり呻いたりする代わりにそのような単語を使うと目的を果たすことになる。そして、痛くないときに、単語を使うにせよ呻くにせよ、痛いふりをすることはできるが、（前述したような特別な意味は除いて）間違って呻くことがありえないのと同じように、自分が痛いと間違って言うこともありえないのである。呻くことと同じように、自分が痛いと言うことは、記述ではないし、それは、真偽が関わる主張ではないのである。

謎消し人に対してなおも質問が投げ掛けられるかもしれない。すなわち、痛みがないときに他の人に痛みについてだましたり、痛みがあるときに他の人に痛みを隠したりするように、ふりをする可能性があるという事実は、痛みが本質的に私的であることを意味していないのだろうか。しかし、これらの事実は、私が痛いということが、何か他の人には原理的に知覚できないものであることを示しているわけではない。それらは、知覚全般に当てはまるように、その対象が何であれ、知覚はいつも真実を語っているとは限らないということを示しているにすぎないのである。

しかし、痛みとは何であるのかと尋ねたいだろう。謎消し人は、これは良い質問ではない、つまり、典型的には、単語が何を表しているかではなく、それらがどのように使われるかを尋ねるべきであると提案している。哲学者ジョン・オースティン（1965）は、事実を述べているように見える発話が、実際にはどのようにしてまったく異なる意図でなされているかについて広範囲にわたって説明しており、この事例は、自然発生の談話に関する実証的研究で繰り返して見出されている（e.g. Edwards & Potter, 1992, 2005）。例えば、話し手は、ある過去の出来事について自分の記憶が良いことを聞き手に納得させるために、その出来事の無関連な側面について非常に詳しく報告するかもしれないし、何か他のことが理由で責任を取らせようとしている誰かについて、その人の疑問の余地のある活動について報告するかもしれない。

痛みについてウィトゲンシュタインが言ったことは有名である。「それは何かではないし、何でもないものでもない」（1953, Part I, §304）。痛みは、いくつかの使われ方がある単語である。「私は痛い」と言うことは、前述したように、泣いたり呻いたりするようなことである。それで、自分自身については、痛みという単語は典型的には、悲鳴のより物静かな表現として機能するのである。（それが発声される音圧水準が上がるのにつれて、物静かではなくなる。）

他の人びとについては、痛みという単語は、記述するために使うことができる。われわれは、言語的慣習に従いながら、その単語を当てはめることを正当化するのに役立つ基準があれば――本質的には、そういった他の人が怪我をしていたり、痛いと言っていたり、呻いていたり、などのときに――それを使う。他の人の行動は、彼らが痛いということによって意味を与えられるものではない。ライルは、心的な用語はすべて、行動や行動への傾向性《ディスポジション》に関する用語に翻訳できると考えているように解釈されることがあるが、彼の書いたものや書き方を注意深く検討すると、この解釈は、われわれにとっても、また他の多くの人にとっても妥当とは思われない（e.g., Hacker, 1996b; Tanney, 2009）。しかし、他の人の痛みは、何か彼らの行動の背景に隠れているものでもなく、何かその行動から推測できる（推測しなければならない）ものでもないのである。

誰かが自分の指を金槌で叩いて叫び声をあげるとき、その人の痛みは、叩くことと叫び声をあげることとの間を媒介する、何か第三の私的な物事（あるいは、状態とか、出来事とか）ではない。「もし私が誰かがはっきりとした原因のある痛みで悶えているのを見ても私は考えない。どうせ彼の感情は私からは見えないのである」（Wittgenstein, 1953, Part II, p.223）。ウィトゲンシュタインは主張するだろう。その人の痛みは、その悶えにはっきりとしているのであり、その悶えから推測される隠れた出来事ではないと。

泣き叫んだり悶えたりという痛みの行動を観察することは、痛い人を観察することである。行動は痛みの独立した実証的証拠にはならないが、それは、生理がないことが妊娠の独立した実証的証拠にならないようなものである。しかしながら、妊娠は生理がないことを考慮に入れなくても査定でき、それで、生理のないことが妊娠の証拠であることを実証的に示すことができる。これとは対照的に、痛みの行動にそれ自体が基づいていない痛みの査定方法はなく、それで、痛みの行動が痛みの証拠であることを実証的に示すことができないのである。確かに、自分の指を金槌で叩いたり、自分の腕を熱湯に浸けたりする人は、きっと痛いだろう。しかし、行動上の反応がなければ、これは疑わしい。もしその人がそこに平然と座っていれば、その人は指や腕の感受性を欠いていて、まったく痛くないのかもしれない。同じように、痛みの神経生理学的指標に見えるどんな指標でも、それら自身が痛みの行動と相関している限りにおいてだけ、妥当な指標ということになるだろう。その相関を取り払うと、神経生理学はその妥当性を失うのである。

このように、他の人の痛みの行動は、痛みと同等のものではなく、それで、痛みは「何もない」になるのであり、その行動は、別の推測できる「何か」に対する独立した手掛かりでもないのである。

誰かが怪我をしたり、泣いたり叫んだりしていたりするときには、特別な事情がなければ、痛みという単語がそれらを記述するために使われて当然である。ただし、その人がすぐに立ち上がって、その血がケチャップで、ちょっとからかっていただけだと言えば、もはや当てはまらないけれども。言葉の慣習は、痛みという単語やそれと同等の単語が他の人によってどのように使われるかを保証してくれる。それで、私は子どもの頃、私が泣いたり呻いたりしそうなときに、痛みという単語やそれと同等のものを自分を指し示すのに当てはめることを、他の人から学ぶのである。まさにそれだ。「何か」ではないし、「何もない」ものでもないが、われわれを混乱させているのは言葉の使い方であり、明確にしなければならないのはその使い方である。(なんとまあ、他の人は、明確にするために泣き叫ぶのである。)

同じことが、痛み以外の感覚に当てはまるし、イメージや情動など他の意識的経験にも当てはまる。それらは謎消し人にとっては、「何か」ではなく、そのどれもが本質的には私的ではなく、そのどれもが内的な心的世界の住人ではないのである。われわれは、われわれの話し方に惑わされてきた。悲しみや怒りは、われわれの内部に隠れていて他の人には秘密となっている私的な感情ではない。それとは反対に、それらは、われわれが隠そうとしなければ、われわれの顔や行動のいたるところに書かれてある。イメージは、われわれが目にする内面的な絵ではなく、頭の内部の絵ではない。大人になった人は、子どものときの子ども部屋をイメージするさいに、それを実際に見ているのではなく、それで、そのイメージを見ていると言うのである。しかし、そのような人は、「自分の子ども部屋に似たものを見ている人ではなく、自分の子ども部屋を見ている人に似ているのである」(Ryle, 1949, p.248)。

それで、謎消し人は言うだろう。前の章の最後でなおも二元論に賛成しているように思われた、経験された性質は、意識的経験に関する誤った考え方に基づいていて、それを物理的対象や事象の言葉にはめ込むことから生まれているのだと。意識的経験は、そもそも質的な特徴や現象的な性質を「持っている」内面的な「何か」ではない。もしその何かがないとすれば、それの特徴となる特徴もなく、それの性質となる性質もないからである。その問題は、言葉の罠である。それで、経験や現象的な性質の質的な特徴を説明するという問題は消えてなくなるのである。

心的実体から心的過程へ

痛みや悲しみや怒りやイメージが、謎めいた内的世界の隠れた実体を表す名前ではないように、さらに謎消し人にとっては、分かることや考えることや思い出すことやつもりであることなども、そのような世界の隠れた状態や過程を表す言葉ではない。それらはすべて、人がその使い方を学んだ単なる単語である。分かることや考えることや思い出すことやつもりであることが存在するところはどこにもない。あなたがお望みなら、そのような単語が心的な状態や過程を表す名前だと言うことができるが、しかし、そうしても何も付け加わらない。「『思い出すという心的過程が私の中でちょうど生じたところだ……』は、『私はちょうど思い出したところだ……』ということを意味しているのにすぎない」（Wittgenstein, 1953, Part I, § 306）。

哲学者ノーマン・マルコム（1970, p.20）は、どのようにして同じ物事を思い出すことが、極めて多くのまったく異なる方法で生じるかに注目している。あなたは家に着いて車の鍵を台所の引き出しに入れたとしよう。数時間後に、車を運転したいと思った誰かが、鍵がどこにあるかあなたに尋ねる。マルコムは、さまざまなケースがありうることを、うだうだと述べる。あなたは、車を出てから何をしたかと自問し、台所や引き出しを開けるところを「イメージし」、そして、「台所の引き出しに入れた」と言うかもしれない。あなたは考えに考えるが無駄であり、そして突然「台所の引き出し！」と叫ぶかもしれない。あなたは、尋ねられたとき誰か他の人とおしゃべりをしていて、そのおしゃべりに夢中なまま、単に台所の引き出しを指差すかもしれない。あなたは、尋ねられたとき手紙を書いていて、下書きの言い回しについてあれこれと深く考え続けながら、言葉もなく台所に歩いていき、引き出しから鍵を出して、それを渡すかもしれない。あなたは、尋ねた人がなぜ鍵を探しているのかといぶかしがり、それから「台所の引き出しに入れた記憶はあるのだが、確かではない」と応えるかもしれない。あなたは、すぐさま「台所の引き出しに入れた」と答えるかもしれない。

そしてもちろん、このリストはずっと続くだろう。マルコムは、続けて論じる。「どこに鍵を入れたかをあなたが思い出すということは、あなたが引き出しをイメージしたことにあったのではないし、あなたがそれを指差したことにあったのでもなく、あなたがそれをそこに入れたことに自信がなかったことにあったのでもなく……それならば、思い出すということは、いったいどこにあったのだろうか。ウィトゲンシュタインが述べたように『答えはない』」(Malcolm, 1970, p.20)。何かさらにこれらのケースに共通する心理的な出来事があるのに違いなく、それが思い出すということそれ自体を構成していると考えがちであるが、心の謎消し人が言うには、そのようなものはない。「『思い出す』という単語は、思い出すということの本質的な性質によってはひとつにまとめられない、多様な事象や情況にわたって、われわれが実際に使っているものである」(Malcolm, 1970, p.21)。多様性を剥ぎ取っていくと、そこには何も見出せない。われわれは、思い出すという単語を、それがいろいろなケースで使われているのを耳にすることによって学ぶのである。そして、それから、われわれは、以前のいろいろなケースにいろいろな点で関連していそうな他のケースで、それを使うようになるのである。ウィトゲンシュタインが述べたように、このすべてが、乱雑で「ぎこちない」。そして議論は進む。そして、それがわれわれが持っているすべてであり、本質はなく、ただぎこちない当てはめがあるだけだと。

二つの甘い誘惑

要約すると、謎消し人たちの主張によれば、われわれは言葉の使用や誤用を、つまり単語がどのように働くのかを適切に理解できないせいで、心に関する二つの甘い誘惑に乗ることになったのである。ひとつは、われわれが前に検討したように、心理的な用語は行動の原因を指し示しているとみなすことである。謎消し人たちによれば、心理的な用語が説明のために使われうるという事実のせいで、心理的な用語が原因を指し示していると、間違って受け取られるのである。もうひとつの甘い誘惑は、われわれがちょうど検討したばかりであるが、心理的な用語は内面的で私的な実体や状態や過程を指し示しているとみなすことである。謎消し人たちによれば、感覚や思考やイメージや情動——意識的経験――を持っていると話すという事実のせいで、感覚や思考やイメージや情動は、物理的でないという点を除いては物理的な対象と似た実体であると、また、例えば考えることや思い出すことやつもりであることについて話すという事実のせいで、考えることや思い出すことやつもりであることが特殊な内面の状態や過程であると、間違って受け取られるのである。

心の謎は消えたか

それでは、謎消し人たちは正しいのだろうか。われわれの意見では、説明は因果関係を意味しているのではないという点で、謎消し人たちは正しい。感覚やイメージを持っていると話すことは、これらが物理的な対象と類似した非物理的なものであるという意味ではないという点で、彼らは正しい。考えることや思い出すことに関して話すことは、これらが内的な過程であるという意味ではないという点で、彼らは正しい。逆に、言葉にまつわる混同に基づく暗黙の思い込みが、行動の私的で内面的な心理的原因という考え方を生み出したのかもしれないという点でも、彼らは正しい。しかし、彼らは、これが事実であることを示していないし、心理的な用語は原因や、私的ないしは内面的な事象や対象や性質を指し示すことができないということも示していない。彼らの議論は、心理的な用語が指し示すこのようなものがないことを証明していない。なくてもよいということを証明しているにすぎない。

彼らの見方は、彼らの目的通りに、心という考え方の謎を解消する方法を与えてくれる。しかしながら、彼らは、相当な代償を支払ってオッカムの剃刀を巧みに使いこなした節約した考え方をしているのである。その代償は、ほとんどの人びとが自分が知っていると思っている何か、そして、少なくとも心理学の多くの分野で明らかな主題となっている何か、まさにその何かの存在を否定することである。もしかしたら、心理的な原因を信じることは、誤りである。もしかしたら、心理的な用語が適切に指し示しているものが私的な内面の出来事であると信じるのは、誤りである。もしかしたら、われわれが心的な言葉を使うせいで、われわれは惑わされ、騙されているのである。心の謎消し人たちは、これらの警戒するべきなのにすぐにそれとは分からない主張の可能性を指摘してくれる。彼らの見方は無視できないが、彼らがわれわれに与えるものは、可能性にすぎない。われわれは、他の見方を検討しなければならないだろう。

簡潔に言うと

話し方としての心の主張は、われわれの内部にわれわれがさまざまに行動する原因となる心的なものがあるという考え全体が、言葉の使用における混同のせいであるというものである。説明は、典型的には原因という観点からなされるので、心理的な用語で行動を「説明する」ように話すと、そのような用語が何か原因となる力を持つものを指し示していると言っているように誤って受け取られる。そして、欲求や感情やイメージや思考をわれわれが「持っている」ものとして話すと、他の人びとはその力を目にすることができないので、それらが内的で私的であると言っているように誤って受け取られる。もしかしたら、われわれの内部にはわれわれがそう行為するようにわれわれの行為を導く心的なものは実際には何もないのかもしれないが、これは常識に対する過激な否定とも思われる。

第三章　行動としての心

次に検討する見方の擁護者たちは、心性に言及することなく、心理の科学を発展させたいと願っている。心理学者ジョン・ブローダス・ワトソンは、一九一三年の宣言でこのように述べている。「意識、心的状態、心、〔意識の〕内容、内省によって検証可能、心的イメージなどの用語を決して使ってはならない」(Watson, 1913, p.166)。これは、自己矛盾に聞こえるし、間違いなく逆説的なものだろう。心性は、心理学がいったい何に関するものかということではないのだろうか。信念や欲求や目的などではないのだろうか。かなりの数の心理学者が、そうではないと信じてきたし、その立場は今日ではあまり人気がなくなったが、かなりの数が、そうではないとなおも信じている。ウィトゲンシュタインやライルと同じように、彼らは、あらゆる種類の心的因果関係を否定するが、ウィトゲンシュタインやライルと違って、彼らは、心理的なものは行動に還元できると、心的なものは「何もないもの」であると、そして、心性主義は説明としてまったく意味をなさないと信じている。彼らは、行動を説明するための非心的な科学を発展させようとしている。

行動は、信念や欲求や目的などではないとすると、どのように説明されるのだろうか。神経生理学で説明したがる人たちがいる――彼らについては、「脳としての心」(第五章)で検討するだろう。本章で検討しようとしている人たちは、行動を環境に対する反応と考えている。彼らは、人びとは動物と同じように、生得的に刺激に対する反射的反応を持っていて、環境による「条件づけ」の過程――後ですぐに説明しよう――を通して他の反応を学習すると考えている。心理の実証科学は、仮定された心的原因を、これらの条件づけの過程で置き換えることによって発展できるのである。行動主義者という用語は、われわれがここで検討しているのよりも広い集団に関して使われることが多いことを注意しておくべきだろう。そこには、彼らは強硬に否定するだろうが、ウィトゲンシュタインとライルを含んでいるし、エドワード・トールマン（1958a, 1958b, 1968）のように、心的用語を行動的に定義する心理学者や、ジョン・スタッドン（2001）のように、非心的な内面的メカニズムを行動的に定義する心理学者も含んでいる。これら後者の二つの立場は、「科学的構成概念としての心」（第六章）で検討するだろう。

ここでわれわれが関心を寄せる立場には、本質的に、主要な二つのタイプがある。最初のものは、刺激−反応の伝統と呼んでもよく、心理学者エドワード・L・ソーンダイク（1911）とクラーク・L・ハル（1943）を典型とするが、行動は、刺激事象と反応事象の間に確立された生体内の結合を通して理解できると考えていた。学習のさいに生じていることは、新しい刺激−反応の結合の内面での形成である。この伝統は、以下で説明する理由のために、本質的には廃れている。廃れたのではなくむしろ形を変えたという人たちもいるかもしれないが。第二の伝統は、心理学者バラス・F・スキナー（1965, 1974）と中心的に関連しているが、科学的な心理学のために、心的原因だけでなく、すべての内面的な原因を考慮するのをやめて、その代わりに、行動と、皮膚の外から生体に及ぶ影響との間の実証的な関係に焦点を合わせている。この伝統は、なおも元気であり（例えば、『実験行動分析研究』〔*Journal of the Experimental Analysis of Behavior*〕や『応用行動分析研究』〔*Journal of Applied Behavioral Analysis*〕などの学術誌）、本章のわれわれの検討の焦点になるだろう。しかしながら、最初に、われわれはごく簡単に、条件づけ研究と刺激−反応の伝統の歴史の主要部に触れよう。というのは、スキナー学派の伝統と混同されることがよくあるからである。

伝統の誕生

条件づけの最も初期の明確な実証は、一九世紀も終わりにさしかかった頃のロシアの、行動心理学者に転身した生理学者イワン・ペトローヴィチ・パブロフ（1903/1955）とその共同研究者の研究である。動物の口に食べ物を入れると唾液分泌が生じることは、ずっと前から知られていた。パブロフの研究室の実験が明らかにしたのは、犬に離れたところで食べ物を見せるだけでも唾液分泌が生じることであり、さらに、例えば乾パンと比べて肉のように、口に入れたときにより多くの唾液分泌を生じさせるような食べ物は、離れて置かれてもより多くの唾液分泌を生じさせるといった関連現象であった。研究室で十分な時間をかけると、その犬の唾液腺は、食べ物が置かれていた（いまや空っぽの）皿でも、部屋でも、いつも食べ物を運ぶ人でも、さらにはその声や足音でも刺激されるようになることも判明した。たくさんの（予期した？）よだれがあった。「最初は」と、パブロフは、新しい考え方のパラダイムとなる一節に書いた。

われわれは、動物の主観的な状態を仮定して、われわれの結果を説明する入念な努力を行なった。しかし、このことからは、不毛な論争と、折り合いのつかない個々の見方以外には、何も生まれなかった。それで、われわれは、純粋に客観的な基準で研究を実施する他はなく、われわれの最初で特に重要な課題は、われわれ自身の主観的状態を動物の反応のメカニズムに転嫁しようとする、とても自然な傾向を完全に棄てて、その代わりに、外部の現象とその生体の反応との間の相関を研究することに集中することであった。

(Pavlov, 1903/1955, p.155)

それから、注意深く統制した実験によって、例えばベルの音のような何か中性的な刺激が食べ物の前に繰り返し提示されると、犬はベルの音だけでもそれに反応して唾液分泌をするようになることが発見されたのである。これが、古典的（あるいは、「パブロフ学派の」、「反射的」、「レスポンデント」ともいう）条件づけの最初の実例であった。つまり、中性的刺激が、特定の反応を反射的に引き起こす刺激に繰り返し伴うと、その結果として、この反応が、最初は中性的であった刺激それだけでも生じるようになったのである。前の引用が暗に言っているように、これをイヌ科動物の現象学で――「犬はベルを聞いて食べ物を予期するのだ」と――説明したいという誘惑に駆られるだろうが、それは行き詰まると思われた。その発見を説明するために、何か心的なものを頼りにする必要はなかった。それは（ともかくも）学習性の反射の形成の結果であったのだろう。具体的に言うと、刺激－反応の心理学者が指摘しているように、実験者は中性的な刺激と食べ物を繰り返し対にしたが、この後者が唾液分泌を自然に生じさせるので、その中性的刺激と唾液分泌は繰り返し同時に生起することにもなり、そして、この同時生起の結果として、その二つの間で反射的、ないしは反射に似た刺激－反応の結合を築き上げることができたのだろう。

パブロフは、「主観的な」状態よりもむしろ「客観的な」、ないしは物質的な出来事に基づいて学習が生じうることを示す研究を行なって、革命後のソヴィエトの権力者たちの寵児としてもてはやされたのも驚くことではないだろう。その一方で、パブロフの最初の研究とほぼ同じ頃、アメリカでは、もうひとつ別の条件づけとして後に知られることになるものの実証が行なわれていた。それは、若い心理学の学生エドワード・L・ソーンダイク（1898）の博士論文であった。動物が推論できることを証明しようとした逸話的な証拠に対して、ソーンダイクは、取っ手に跳びのって扉を開けたり、回転錠を押して窓を開けたりするような、動物にあるとされている利口さが、「偶然に」学習されうるものであることを実証したいと思った。この目的のために、彼は、空腹のひよこや猫や犬を囲いの中に入れたが、その囲いは、バーを押したり、紐の端の輪を引いたり、ある経路で跳び回ったりするようなその種に関連した特定の動作をすると、食べ物のあるところに逃げることができるようになっていた。その動物たちは、典型的には、最初は無作為にさまざまな反応を行なった――駆け回ったり、引っかいたり、突っついたり、かんだりして、そしてやっと、そこから逃げ出すことができる反応をたまたま実行したのである。それから、試行を繰り返していくと、その成功する反応は全般的に徐々に早く行なわれるようになった。ただし、その時間の減り方は、緩やかで不規則でしかなかった。

ここでもまた、ここで生じていることを説明するために、何か心理的なものに頼る必要はないように思われる。動物は、自分の置かれた状況を洞察して、逃げ出すために何をしなければならないかを理解しているかのように行動していたわけではない。それらは、自分がしていることを「分かっている」ようには思われなかった。むしろ、それらは、その囲いからの刺激と、逃げ出し食べ物にありつくことができた成功のおかげで「刻み込まれた」り、強化されたりした適切な動作との間の結合を作り上げたり強くしたりした結果として、適切な反応を学習できたのだろう。その動物は、習慣を形成したにすぎないのである。

ソーンダイクの実験手続きは、第二の条件づけとして少し後に知られることになる、つまり道具的ないしはオペラント条件づけの最初の実験室での実証であった。パブロフ学派の条件づけとは異なり、それは、中性的な刺激を、特定の反応を反射的に引き起こす刺激と対にすることでできているのではない。この二番目のケースで対にされたものは、（典型的には、特定の刺激が存在するときの）特定の反応と、その後に続く報酬ないしは強化であった。多くの心理学者にとっては、これら二種類の条件づけのどちらかまたは両方が、心的原因に言及することのない、完全に科学的な行動の説明を築き上げる希望を与えてくれるものに思われた。生得的でない行動は、条件づけによって説明されるだろう。生体の条件づけの経歴を調べれば、意識しないで生じるような行動を説明することになっただろう。

刺激—反応の伝統に対する心理学者のこの希望にとって中心となるものは、すべての行動は、どんなにそれが目的を持っているように見えようとも、刺激と反応との間の結合の結果であるという仮定であった。目的によって支配されているように見える行動は、これらの刺激—反応の結合の連鎖であり、反応自体がさらなる反応のための刺激となるという観点から説明されると思われていた。

苦境にある伝統

反応が生み出す刺激という考えは、目的行動と見えるもののための望ましい解釈方法になった。ひとつの反応は、次の反応のための刺激の役割を果たすだろうし、そして今度は、それに対する反応が、第三の反応のための刺激の役割を果たすだろうし、などなどである。しかし、そうでなければ心的な用語での説明が必要と思われる行動を、そのような過程で説明しようとすれば（e.g., Osgood, 1956, 1957）、必然的に、仮説的な観察不可能な媒介過程が必要になった。頭の中を、比喩的で内面的な刺激と反応でいっぱいにして、観察可能な刺激と反応の橋渡しをすることで、刺激－反応の解釈を永らえさせることができたのである。「媒介過程の図解はすぐに、信じられないほど厄介なものになった……もっと重要なことに、見ることのできない過程を、〔反応と刺激の〕小さな連鎖とみなすのに正当な理由などまったくなかった」（Leahey, 2000, pp.281-282）。

そのように考える理由はない。すなわち、行動の因果関係の中で心的過程を意味するものを認めなければならないのを避ける方法を提供してくれるというだけで、すべての行動は刺激－反応の結合の結果であるという原理を守るということ以外にはそれ自体ほとんど役に立たないような原理を考える理由はないのである。それは、プトレマイオスが無駄な周転円を仮定することによって天動説を守ったようなものである。

刺激－反応の伝統は、厳しい時代にさしかかっていた。仮説的な刺激－反応の媒介系列を仮定しなければならないという周転円のような性質に加えて、二〇世紀の後半に多くの心理学者が心的過程をコンピュータ・プログラムに類似したものと考えることができて、そうしたとしても科学的な正統性を欠いていないと気づいたという事実もあった。さらに、条件づけそれ自体の中核となる要素について、刺激－反応の伝統が予測することと矛盾する実証的な発見もなされてきた。

例えば、パブロフ学派の条件づけについては、獲得された反応は無条件刺激に対する元の反応と同じであるということは、もはや典型的な事実とは思われていない（Rescorla, 1988）。もし条件づけが、新しい刺激をそのような反射的反応に連合させて結び付けているものと考えられているのであれば、それには根本的に欠陥があるように思われる。さらに、パブロフ学派の条件づけの生起にとって重要なことは、無条件刺激が条件刺激に繰り返し伴うことではなく、その生起が、条件刺激の生起に随伴していることである。もし無条件刺激が、条件刺激が存在するときと同じように、それが存在しないときにも生起すれば、条件づけは生じない（Rescorla, 1988）。そして、道具的条件づけの例えで言えば、ある反応をそれに続く報酬と繰り返し対にしても、もし報酬がその反応がないときも同じくらいあれば、その反応の確率は高くならない（Cerutti, 2002）。どちらのケースも、重要に思われることは、対にすることではなく、一方では条件刺激と無条件刺激との間の、そして他方では反応と報酬との間の随伴的な関係について、条件づけの手続きが与える情報である。どちらの種類の条件づけでも、最も重要な点は、頻度ではなく随伴性である。

少なくともこういったすべての理由で、刺激―反応の結合での理論化は、その人気を失っている。主にそれに取って代わった新しいアプローチは、次の章で検討するが、環境刺激を「入力」、反応を「出力」として扱い、刺激―反応の媒介系列は今や「情報処理」へと変換されている。しかし、すべての条件づけから心理学者が逃げ出したわけではない。

スキナーの方法

スキナー学派の伝統に入ろう。媒介反応に関する問題や条件づけに関するさらなる事実は、刺激―

反応の伝統に反対する強力な議論になっているが、それらは、スキナー学派の伝統にとってはそのような影響をもたらさない。スキナーは、心理の科学は、一方では環境事象と、他方では行動との間の実証的関係だけを扱うべきであり、それらの間で内面的で媒介的に進行している（ように見える）ものは、それが思考と推測されようと、内部で反応を生み出す刺激と推測されようと、その他の何と推測されようともそれらを扱うべきではないと信じていた。科学にとっては予測と統制で十分であり、予測と統制を達成するために必要なすべてのことは、因果的メカニズムに関する知識ではなく、関数関係の知識であると、彼は考えていた。スキナーは議論した。要点は、環境の中の変化が行動の変化を予測するために使用できる法則的な規則性を発見することであり、これらの変化を引き起こすために内面で生じていることについて思い巡らすことではないと。後者のような知識によって、刺激－反応の伝統は苦境にいたったのであり、それは、行動の科学の発展を推進するというよりはむしろその発展を阻害する目くらましなのである。

スキナーにとっては、心的であろうがなかろうが、いかなる種類の内的状態も、それを生じさせる外的要因と、その結果として生じる行動との間の系列の中の、せいぜい中間的な連結にすぎなかった。それは、関数解析によって有効に回避できたのである。「われわれは、いかなるシステムの行動でも、完全にその内部にとどまれば、それを説明することはできない。結局のところ、われわれは、外部からその生体に作用する力に頼らなければならない」(1965, p.35)。行動の近接した原因として何が内面的に進行していようとも、究極的にはそれ自体が、その行動する生体の外部の要因、すなわちその生体の遺伝的な経歴と環境的な経歴によって引き起こされなければならないのである。このように、内面的原因の水準を括弧でひとくくりにして、そうすることによって「多くの退屈で消耗する脱線」(1965, p.35)を避けて、外的変数の効果だけを検討することができるのである。スキナー学派になった人びとにとっては、ここが、ワトソンの宣言以上に重要な宣言なのである。

多かれ少なかれ自動的であったり自動的になったりしたような行動をわれわれが行なうさいには、これがどのくらい有効か、おそらく理解に難くはないだろう。しかし、目的行動にとっても、外的原因だけで十分だといえるだろうか。スキナーは、この場合にも外的原因で十分だと考えていたし、彼は、自分の博士論文でまさにそれを実証したと信じていた。(ソーンダイクの博士論文と同じように、もうひとつ別の独創的な研究計画が博士論文として現実のものとなった。院生諸君は、どうか注目して、目標を高く持ってください。)

スキナーは、子どもの頃から機械いじり癖があり、どんな材料が手元にあろうとそれを使って、キックスケーターやゴムボートやシーソーやメリーゴーランドや水鉄砲や、さらには、その野菜砲弾で近所の屋上を(ほとんど)吹き飛ばしてしまいそうな蒸気砲のような複雑な機械装置を作り上げた(Bjork, 1993, p.18)。後に彼がラットの研究に取り掛かったとき、この機械いじりによって彼は自然に(反射的に?)、ラットの行動の体系的な変化を確実に記録できる装置を作ろうとした。ラットの運動は、もちろん大きな変動を示したので、スキナーは、この変動を抑えて、体系的な変化の測定を狙い撃ちにできるように装置を改良し続けた。最後には、彼は、ラットがレバーを押すたびに餌粒の報酬が配られるが、押さないと配られることはなく、そして、レバー押しの間の時間間隔が自動的に記録される箱(スキナー箱)を作り上げたのである。

スキナーにとってうれしかったことに、ラットはその箱に慣れると、極めて一貫した行動をとった。ラットが箱に入れられたときのレバー押しの比率は、そのラットが餌を断たれていた時間の長さと規則的に正比例して変化した。逆にその比率は、その箱の中でレバー押しをして餌粒を受け取った時間の長さと規則的に反比例して変化した。スキナーは、二六歳になったとき、大喜びで彼の「最大の誕生プレゼント」について両親に手紙を書いた。それはつまり、「従来、ラットの側の『自由行動』と想定されていたものが、例えば脈拍の比率と同じように、自然の法則に従うものでしかないことが、今や明らかになったのである」(Bjork, 1993, p.91 に引用)。

ラット、箱、レバー、餌粒。ジョージ・ヘリマンによるハースト紙の連載漫画『クレージー・カット』の中の猫とねずみとれんがと犬のお巡りさんと同じように、ここには、世界の縮図が作られていた。それは、単純でありながら豊かであり、一九三〇年代が進むにつれて、スキナーによる絶え間のない変更が加えられた。ラットのレバー押しは、明らかに自動的な行動ではなかった。レバー押しの比率は、ラットがすでにどのくらい食べたかによって変化した。それは、餌を断たれた程度によって決まったが、それは、餌を手に入れる目的を持っているように見えた。スキナーは、このような行動は、「レスポンデント」ではない、すなわち、刺激によって自動的には「誘発」されないものであり、随意行動というものそのものであると信じていた。彼はそれを「オペラント」行動と呼んだ(オペラントは環境に与えるその効果――それが環境にどのように作用するか――で定義されている)。オペラント行動を生み出す手法は、道具的条件づけ、スキナーの言葉では今や「オペラント」条件づけであり、それは報酬や、強化となる結果によって「出現」する反応を伴った。これは、ソーンダイクが用いた手法と同じであったが、ソーンダイクが、それが習慣を生み出すとみなしたのに対して、スキナーは、それが目的を目指したように見える行動を生み出すとみなしたのである。

随意行動は、オペラント条件づけによって説明できると、スキナーは考えていた。それを説明するために目的や目標などの内面的原因を持ち出す必要はなかった。行動の目的や目標について話す必要は決してないと、スキナーは主張した。「『誘因』や『目的』のような単語を使う言明は、オペラント条件づけに関する言明にたいていは還元できる……人は自分の行動に伴うことになる結果のゆえに行動すると言うのではなく、その代わりに、われわれは単に、人は過去の似た行動に伴ったことのある結果のゆえに行動すると言う」（Skinner, 1965, p.87）。

ちょっと待て。反論したいだろう。われわれは、異なる目的のために同じことをする可能性を認める必要はないのだろうか。その事実は、ここで再び目的を登場させないのだろうか。スキナーならば言っただろう。その違いは目的にあるのではなく、過去にそれに伴った行動を統制していたものにあるのだと。十分に注意深く観察すると、支配強化子が明らかになるだろう。

ある人が通りを歩いている。彼は心の中にどんな目的を持っているのだろうか。われわれは、もし彼が封筒を郵便ポストに入れて戻ってくるのを見れば、彼の行動に手紙を投函する目的があるとするのだろうが、もし彼が郵便ポストを通り過ぎてドラッグストアに行けば、そうはしないだろう。ただし、彼がドラッグストアから切手を手にして現れて、取り出した封筒に一枚貼って、などなどの場合は別だが。もちろん、われわれは必ずしも正しいとはいえないだろう。しかし、もしその人が自分の目的について報告するように求められても、彼は、支配強化子（無意識的な目的——この後を見てください）について知らないけれども、彼自身も、必ずしも正しいとはいえないだろう。「彼は、『手紙を投函しようとして』いると報告するかもしれないし、実際に彼はまだ投函していない手紙を手に持っていて、通りの終わりでそれを投函するかもしれないが、しかし、それでもわれわれは、過去にちょうどそのように歩いていたときに彼が大切な誰かに出くわしたことがあるという事実によって主に、彼の行動が決まっていることを証明できるかもしれない」（Skinner, 1965, p.88）。これは、デートの相手になりそうな人が以前に現れたオフィスの冷水器のところへ水を飲みに行くようなものである。

スキナーは、オペラント条件づけを、生得的な行動特徴の進化的な淘汰とまったく同じように進むものとみなしていた。時間の尺度は明らかに異なるけれども、両方とも結果による淘汰を、ひとつは種に関して、もうひとつは個人に関して含んでいる。「両方の過程が、同じ理由で目的について疑問を投げ掛けており、そして、その両方で、目的因に訴えることが、同じように拒否されるだろう」（1965, p.90）。進化と同じように、オペラント行動は、目標に向かっているように見え**る**が、これはまやかしである。鳥の餌台でいつもの餌をとっていたら、ある日打ちのめされる（きっと、嫉妬したリスによって）鳥の行動について検討しよう。鳥は、餌台を見つける目的を持って見て回っているように見えるだろう。しかし、その行動は、その餌台を見て飛んでいくことができた位置にその鳥を以前に導いた行動の事前の強化だけで説明できるのである。「一般的に」とスキナーは言った。「何かを探すことは、過去に『結果としてその何か』を過去に生み出したことのある反応から成り立っているのである」（1965, p.89）。

このことは、動物だけでなく人間にも当てはまる。ある人が、部屋の中を動き回り、探しているように見え、ものを持ち上げてその下を覗いているところを取り上げよう。その心ここにあらずといった教授のような人が眼鏡を探していると説明することは、彼の行動の原因となっている目標や目的を説明しているのではなく、それを統制する変数——過去にそれを強化したもの——のいくつかを推測しているのである。「現在の目標、誘因、目的、意味を考慮する必要はない。それは、もしわれわれが彼に何をしているのか尋ねて、彼が『眼鏡を探している』と言うとしてもそうである」(Skinner, 1965, pp.89-90)。彼がこのように言うからといって、かりに彼がその代わりに、自分は眼鏡を失くしたとか、自分はそれを見つけるとこの行動をやめるだろうとか、以前にこのように行動していてそれを見つけたことがあるとかと言ったとしたら、そういうことと違うことを意味しているのではなく、そういうこと以上のことを意味しているわけでもない。その心ここにあらずといった心の中には現在の目的のかすかな痕跡さえないのである。

不穏な情況

それで、スキナーは、通常は目標や目的が原因とされている現象を、心に言及することなく説明する方法を提唱している。彼の見方によれば、随意運動は、いつも条件づけの働きである。われわれが、明らかに目的があるように見える何かをするのは、それはいつも、この行動が何か正のものをもたらしたり、何か負のものを回避させたりしたことがあったからである。われわれは、われわれの知識やわれわれの理解に基づいて行為しているのではない。そのような概念は、スキナーの体系には存在しないのである。
人びとを説得するのは、スキナーによれば、「目立たない統制だけである。われわれが、ある人物その人に統制を委ねているように思われるときには、われわれは、ある統制の状態を別の統制の状態に移しているにすぎない」（1972, p.92）。スキナーは、人びとがいずれにしてもいつも統制されていると考えていたので、彼は、ある人びとが他の人びとを統制することには、前者が後者に罰を与えたり有害なことをしたりするのを避けている限りは、ほとんど反対していなかった。彼は、理想的で幸福な共同体は、ほとんどすべての行動が計画者や管理者によって統制されているところで実現できる可能性があると考え、そのような共同体を、彼の小説『心理学的ユートピア』（1948）の中で描こうとした。

統制の問題がスキナーにとって重要だったのは、特に、われわれの社会や世界が直面している極めて重要な諸問題が、統制への嫌悪のために解決できないと彼が信じていたからである。彼は、これらの諸問題は、物理学や生物学の技術的進歩によっては解決できず、行動の変容が必要だと考えていた。この点については彼は正しいだろう。より環境に優しい素材を開発しても、人びとがそれを使わなければ役に立たない。より効率的な農耕手段を開発しても、それが実施されなければ役に立たない。より良いリサイクル方法が開発されても、それが採用されなければ役に立たない。政府は、公共の利益に資する行動に税額控除のような報酬を与えることによって、そのような行動を大いに増進することができるだろうと、われわれは論じることもできるだろう。

しかし、われわれは、スキナーの大層な見方は、危険であるばかりでなく、ひどい屈辱だと思うだろう。その知識や理解が役割を果たさず、以前に強化されたことのある行動を繰り返すだけで満足しているような人類は、ほとんどほめられたものではない。スキナーは、独裁政治を支持しようと意図していたわけではないが、彼の見方は必然的にそうなりがちである。しかしながら、彼の考え方が不穏当であるからといって、それが間違っていることにはならない。それだけにいっそう、彼が正しいかどうかを検討することが重要になるだけである。

意　識

意識というまさにその事実が、スキナーが間違っていることを証明するだろうか。意識がしばしば行動主義への反論と受け取られているのは、行動主義が一見してその存在と矛盾するように見えるからである。ほとんどの行動主義者は、実際に、それを完全に否定しないにしても、それを無視しているが、スキナーは他のことを提唱している。彼は天賦の才で、行動主義を否定するように思われるものに対して行動的な答えを出したのである。彼は、意識および、考えることや知覚することや想像することや感じることなどの典型的な意識的現象はすべて行動の観点から理解できると主張したのである。

スキナーは論じた。人びとに意識がないと人が話すとき、それは、彼らがすべての（あるいは、ほとんどすべての）刺激に対して無反応であるときである。そして、それならば、彼らに意識があるとは、彼らが反応することである。彼は、ある人が何かを意識していると人が話すさいに、二つの意味があるのを区別した。ある人が何かを意識しているのは、ひとつの意味では、その人がその何かに対してとにかく反応すればそうであり、もうひとつの意味では、その人がその何かを（公然にでも、秘密にでも）言葉で記述すればそうである。子羊を追いかけているライオンは、前者の意味でその子羊を意識しているが、後者の意味では意識していない。われわれは、ライオンとは違い、われわれに影響するものの多くを言葉で記述することができるが、われわれは、必ずしもそうする必要はないし、そして、そうすることができないこともある。冷水器のところに「無意識の目的」をもって行く会員は、その中心的な理由を言葉で説明できないのである。

スキナーにとっては、知覚することは、それ自体がある種の行動である。知覚することに関する心の謎消し人たちの見方と同じように、スキナー学派の知覚することも、どんな内的なイメージもないままに進行する。何かを知覚することは、それに何らかの反応をすることである。ライオンが子羊を追うときのような筋肉の運動を含む反応の仕方では必ずしもなく、おそらく、神経的に反応するだけである（スキナーは、神経反応は彼の専門分野ではないと思っていたけれども）。

それが存在しないときに何かを見たり聞いたりしているとわれわれに思われるときには、われわれは、それが存在するときに典型的にしているような行動をしているのである。何も演奏されていないときに頭の中で音楽を聴いている人は、「その音楽がないのに、それがあるときにするようなことをしているにすぎない。同じように、自分の想像の中で、ある人や場所を見るときには、その人や場所があるときにすることをしているのにすぎないのかもしれない」（Skinner, 1974, p.82）。これとの関連で、ギルバート・ライルが、子どものときの子ども部屋を想像している誰かは、自分の子ども部屋に似たものを見ている人ではなく、むしろ自分の子ども部屋を見ている人に似ていると言ったのを思い出してほしい。ライルは行動には言及しなかったが、要点はほとんど同じである。スキナーも心の謎消し人たちも、「見ることは、見られるものを必要としない」(Skinner, 1974, p.86)ということでは同じ意見である。

スキナーの理解では、考えることもある種の行動であり、典型的には、秘密の言語化であり、それはライルに関してもそうであった。感じることも行動である。痛みや喜びや悲しみの感情を持つことは、内面的な刺激――(ここでもまたスキナーの専門分野でない)生理学についてもっと多くのことが分かればより完全に特定できるようになる物理的で身体的な刺激――に反応することである。スキナーは、感情を表す単語が内面的な心的な対象や事象のようないかなるものも指し示していないという点で、謎消し人たちと同じ意見であった。そして、ウィトゲンシュタインによれば、痛みのような単語が、自分自身についてと他の人についてでは異なる使われ方をするのと同じように、スキナーによれば、それらは、自分自身についてと他の人についてでは異なる刺激に対する反応なのである。他の人については、スキナーとウィトゲンシュタインも、痛みのような単語は、組織の損傷が観察されるような状況で使用されると言う。実に、自分自身については、その同じ関係は破綻する。ウィトゲンシュタインは、内面的な刺激に決して言及せず、痛みのような単語は悲鳴や叫び声と同等のものにすぎないと言うが、スキナーにとっては、内面的な身体的刺激が極めて重要であった。

しかし、ウィトゲンシュタインは、単語がどのように使われるかを記述しようとしたのであり、その使用を説明しようとしたのではない。彼がもし、そうでなければ説明できないようなものを説明しようとすれば、すなわち、どのようにして個人は自分自身について、公然と知覚できる損傷やそれに伴う悲鳴や叫び声のようなものが存在するときだけでなく、それらが存在しないときにも、痛みという単語を使用するようになりうるのかを説明しようとすれば、彼は、スキナーの内面的で身体的な刺激のような何かを認めざるをえなかっただろうと、われわれには思われる。もし、私の痛みの事例について、公然と知覚できる損傷やそれに伴うものがある事例とそれがない事例とにわたって、身体的損傷に関連した内面的刺激のように共通するものが何もないとすれば、いったいなぜ、その用語は、自分自身に当てはめられるとき、前者の事例から後者の事例に般化するのだろうか。いったい何を基礎にして、私はこれを学ぶことができたのだろうか。

このように、スキナーは、心的なものに言及することなく意識的現象を理解するために心の謎消し人たちととても類似した、そしておそらくより改良した方法を示唆したのである。これらの現象の扱いにおいて、彼は、自分自身を、心の謎消し人と考えることができただろうし、前の章の最後にこの話題についてわれわれが辿り着いた結論は彼にも当てはまるだろう。彼は、謎消し人たちと同じように、意識的現象が私的で内面的な心的事象ではないという可能性を明らかにしているのである。

条件づけで十分か

しかし、謎消し人たちは正真正銘の行動主義者ではなかったが、スキナーは確かにそうであった。意識的現象を私的で内面的な心的事象と解釈する必要がないことを明らかにしたからといって、心性に言及しない行動の説明方法を明らかにしていることにはならない。これが条件づけでできるというのが、結局のところ、本章で検討している中心的な主張である。スキナーは、そうする方法を明らかにしてきたのだろうか。彼は、信念や欲求などの心性主義的概念を使用しない行動の説明方法を明らかにしてきたのだろうか。

　彼がこのことを実証してきた行動もある。良い子でいることに褒美をもらう子どもがより良い行動をするときには、そのより良い行動を説明するために、その褒美に対する欲求や、ずっと褒美をもらえるだろうという信念などに頼る必要はない。われわれは、それを強化によって簡単に説明できる。行動は強化されるとより生じやすくなる——疑問の余地はない。何百という研究で、ラットのレバー押し、鳩の的つつき、子どもの正しい単語の読み、炭坑夫の安全手順の遵守、囚人の向社会的反応など、さまざまな多くの行動が強化によって増えることが実証されている (e.g., Flora, 2004)。特定の行動の「出現」に随伴する、強化となる結果を操作することは、有望な「行動変容技術」である。しかし、心性主義的に説明できる行動を、いつも条件づけで説明できるのだろうか。

　哲学者ダニエル・デネット (1978) の議論を検討しよう。もし「私が襲われて財布を出すよう言われたら」どうするだろうと、デネットは想定している。「このようなことは以前に私に起こったことはないし、それで、私は正しい反応を『強化された』はずはないけれども、私は賢明なことをする、つまり、財布を差し出す。なぜだろう。スキナー学派ならば、これは、まったくの新しい行動というわけでなく、以前に条件づけされた一般的な行動の一事例だと主張するに違いない」(1978, p.67)。デネットは続ける。現前の脅威刺激は、以前に遭遇した脅威刺激に類似していて、それに対する、私の現在の反応と類似した以前の反応が、強化となる結果をもたらしていたと、スキナーは論じなければならないと。

このように、過去に私は、例えばいじめっ子や何らかの権力者によって何がしかの脅しを受け、それに屈することでそれが取り除かれ、強化されたというような出来事があったのだろう。しかし、デネットは指摘する。私は、何がしかの脅しを受けても、うまく逃げ出して屈しないですんだ（ことで屈しないことが強化された）出来事のほうがたぶんさらに多くあったということもおそらくあるだろうと。デネットは次のように主張する。条件づけでは、なぜ私が今、財布を差し出さないというよりはむしろ差し出すかを説明できない――というのは、条件づけでは、屈しないこともちょうど同じくらい（あるいは、もっと多く）予測するだろうから――けれども、私がそれを差し出すことは、心的な用語では簡単に説明できる。つまり、「まったく明らかなことに、経験が私に教えてくれたものは、もし私が無事に逃れたいと思い、そして、私がまさに脅されていると思っていれば、私は、その脅迫者が私に望んでいると私が思っていることをするべきだということである」（1978, p.87）。

しかしながら、デネットの議論はうまくいかないかもしれない。脅しに屈することのほうが、屈しないことよりも私にとって強化となっていたかが確実でないのとちょうど同じように、まさにデネットがそう言う通りに経験が私に教えてくれていたかどうかも確実ではないのである。もし私が脅しに対して屈することなくいつもうまく逃げおおせていた駄々っ子であれば、あるいは、もし私が過保護の人生を送り、世界がどんなに危険か決して分からなければ、経験は、デネットの「賢明なこと」をするよう私には教えてくれなかったかもしれない。条件づけの原理も心性主義の原理もそのどちらも、私の経歴について事実を仮定しなければ、私が強盗の要求に屈することを説明できないのである。

心性主義の原理も条件づけの原理も、その予測と説明の可能性は、多くの点で類似している。両方の原理によって、特定の過去の事象が分かれば、特定の行動が生じる確率を予測できる。その両方が、特定の事象が特定の効果を持ち、そして少なくとも典型的には同じ効果を持つと言っている。その両方が、私に対して脅迫的な要求があり、過去に、それに屈しないでうまく逃げおおせたことがあると、私は今や自分のお金をあまりあきらめそうにないと言っている。さらに、その両方が、私が脅迫的な要求に屈しないでうまく逃げおおせたことは、私が子どもたちに算数をうまく教えられたことよりも、私が今や自分のお金をあきらめるかどうかに大きな影響を与えると言っている。例えば、その両方が、特定の事象が他の事象よりも特定の行動が生じる確率に大きな効果を持つと言っている。個人の経歴の事実は、条件づけの説明にとってだけでなく、心性主義の説明にとっても、決定的に重要である。心性主義の説明が行なわれるとき、必要とされる事実は、デネットの事例でのように、典型的には単に想定されるにすぎない。それにもかかわらず、われわれは、条件づけの原理では、心性主義の原理でできることがいつもできるわけではないと信じている。

私が武術の訓練を積んで黒帯を持っているとしよう。それは、私にとって、もし強盗に遭っても自分の身を守ることができることの証拠となるだろう。心的な用語でいえば、それゆえ私は、このような趣旨の信念を持ち、それで、その強盗が望むことをしそうになくなるだろう。スキナーは、知識や信念といった概念の使用を拒否しているので、私の知識や信念が私の訓練や黒帯によって影響を受けるという考えに頼ることができない。彼のシステムには、強化とはまったく別の、そのような証拠が役割を果たす余地はないのである。証拠は、認識論的概念、つまり、知識に関する概念であり、行動に関する概念ではない。

おそらくスキナーは、反応が類似した刺激に般化するという考え――「刺激般化」――に頼ることができるだろう。そのような般化によって、私が武術の訓練を受けた後では屈する確率が減ることを説明できるかもしれない。というのは、この訓練によって、どんな攻撃者に遭っても自分の身を守るということが強化されていたかもしれないからである。しかしながら、私は、他の状況にいたかもしれず、その状況は、現在の状況と明らかにあまり似ていないとはいえないが、私が求めに応じてお金を渡すことを強化したはずである。例えば、私はある物乞いに出くわすことになる道を行くことがよくあり、ついつい私がお金を渡してしまうと、その後の物乞いの感謝が強化になったかもしれない。スキナーには、武術の訓練からの般化のほうが、物乞いにお金をやることからの般化よりも大きいと期待するための明確な根拠がないのである。しかし、武術の訓練は、私が身を守ることができることの証拠となり、それで、屈することになるか屈しないことになるかというその結果と関連があるが、物乞いを相手にすることはそれとは関連がない。これで、武術の訓練の効果のほうが大きいだろうということにはならないだろうか。

スキナーは、「誰が来ようと私は自分の身を守ることができる」というような、言語的反応が（公然にでも、秘密にでも）自分自身に対して行なわれているという考えにも頼るかもしれない。そのような反応が、武術の訓練の間に強化されてきたのだろう。そして、私が強盗に声をかけられたら、私は自分に向かってこのように言うことができるのである。しかし、言語的反応それ自体は、私が何をするかにとってはそれほど重要ではなく、それよりも私がそれを信じているかどうかにとって重要だと思われるし、私がそれを信じていれば、その主張の内容のより良い証拠になりそうである。ここでもまた、証拠とそれに関連することが関わってくるのである。

人びとは、自分が望む結果をもたらすと自分が信じていることをする傾向があり、人びとは、自分がより多くの証拠を持っていることを信じる傾向がある。ある人が何をするかを言い当てるためには、多くの場合、その人が何を信じているかを見極めることが重要であり、そして、そうするためには、多くの場合、その人が何の証拠を持っているかを突き止めることが重要である。われわれが前述したように、スキナーは、行動を予測し説明するさいに、証拠の役割を、強化とはまったく別のものとして考慮に入れることなど決してしないのである。

それで、心性主義の原理が、条件づけの原理よりも、なぜ人びとがそのように行動するのかを説明するのにより役立つことが、少なくともときにはあるということになる。証拠という概念――前に指摘したように、行動に関する概念ではなく認識論的な概念――が鍵である。それは、知識に関わる領域に住んでいる。これは、(スキナー学派が、科学的な主張が証拠に基づくことの重要性を強調したことを考えれば、皮肉なことではあるが)心を行動とみなす心理学者たちによって条件づけが作用させられている領域とは異質な領域である。

それでは、心に言及することなく行動を説明することを擁護することの問題はどこにあるのだろうか。それは、行動を、生得的でなければ条件づけによって獲得された、環境に対する反応とみなすというところにあるのだろうか。このような行動の非心的な科学の試みに対する最も広まった批判は、おそらくそれが意識という現象を扱うことができないというものであったが、われわれはこれが必ずしも事実ではないと、すなわち、スキナーがどのようにしたらそれが必ずしも事実とはいえないかを明らかにしてきたと示唆してきた。そして、生得的でない行動のすべてではないが、条件づけによって実際に予測したり説明したりできる行動があることにはあるのである。われわれは、心性主義的な概念が、扉から投げ出されながら、再び窓から這い込んでくるのを見てきたのである。

簡潔に言うと

行動としての心は、行動を説明するために信念などの心的な概念は必要ないと主張している。行動には私的な内面的な原因はないのである。生得的でないすべての行動は、その行動者の経歴における以前の事象による「条件づけ」の結果である。もしかしたら、そのような行動はすべて、その行動者の経歴における事前の事象によって確かに決まるが、これらの事象の効果は、条件づけによって決まるのではなく、これらの事象によってその行動者が信じるようになったものによって決まることが、少なくとも多いと思われる。ここで、心性が戻ってくるのである。

第四章　頭の中のソフトウェアとしての心

次に検討する見方は、特に哲学者ジェリー・フォーダー（1975, 1981）と認知科学者ゼノン・ピリシン（1984）によって体系的に解説されてきたが、その擁護者たちは、心は、二元論者たちがそれを物理的世界とはまったく別の非物質的なものと理解したようには理解できないと考えている。しかし彼らはまた、ほとんどの人びとが哲学的ななぞなぞに巻き込まれなければ、そして巻き込まれるまではそうしていたように、心は幻想ではないとも考えている、つまり、心的な用語は、実際に行動の原因となる実体や状態や事象を指し示しているのである。彼らは、強盗に遭って私が財布を差し出すという前の章の例は、心を行動とみなす見方が、条件づけの原理に頼ってそれを説明するようには説明できないと主張するだろう。彼らはまた、私が財布を差し出すことは、もし私がその強盗の要求を拒めば危害を加えられそうだという私の信念によって確かに説明されるとも主張するが、そう説明されるのは、心を話し方とみなす見方が言っているように、その信念によってこの行動がより広い知識のフレームワークに当てはめられて、さらなる予測が生み出されるためだけではないとも主張するだろう。その強盗の要求に屈しなければ危害が生じそうだという私の信念が、私の行動を説明しているのは、それが私の行動の原因だからであると、彼らは言うだろう。

　ソフトウェアとしての心の擁護者たちは、どのようにして、二元論の擁護者になることなく、信念を持つといった心的な事象や状態が行動の実際の内面的な原因でありうると考えることができるのだろうか。これは曖昧な考え方ではないだろうか。彼らの答えは、デジタル・コンピュータのソフトウェアとの類似点を引っ張り出す。コンピュータに含まれる情報が物理的に具体化されているのと同じように、心的な状態や事象はそれ自体が物理的に実現されたり具体化されたりしているのである。

プログラムをコンピュータ上で実行させることについて話すことは、コンピュータの中で物理的に進行していることについて、ハードウェアの記述の水準とは異なる水準で話すことである。同じように、誰かの心的過程について話すことは、その人の頭の中で物理的に進行していることについて、神経生理学の記述の水準とは異なる水準で話すことである。心について話すことは、コンピュータ・プログラムについて話すのとちょうど同じように、なおも物理的なものについて話すことである。それで、心を頭の中のソフトウェアとして扱うことは、決して頭の中の曖昧《ソフト》なことではなく、極めて現実的《ハード・ノーズ》なものなのである。

心をソフトウェアとみなす見方は、「脳に対する心は、ハードウェアに対するプログラムに等しい」(Searle, 1997, p.200) という等式によって特徴づけられるかもしれない。詳しく説明しよう。まず、脳に対する心である。心的過程（心）は、心の中のものを表す物理的記号《シンボル》――活性化した神経細胞などの神経生理的要素の集合（脳）――を含む過程である。次に、ハードウェアに対するプログラムである。コンピュータのソフトウェア（プログラム）を実行することは、そのプログラムが何であるかを表す物理的記号――スイッチのオン・オフの集合（ハードウェア）――を含む過程である。プログラムの実行と同じように心的過程では、物理的記号を別の記号に変換する演算《オペレーション》が遂行される。どちらのケースでも、演算は原因となって結果を生み出すが、最終的な結果は、一方ではコンピュータ出力であり、他方では行動である。

デジタル・コンピュータの定義

デジタル・コンピュータは、非常に多くの独立した個々の部品を含み、そのそれぞれがいつもいくつかの異なる状態のうちのどれかひとつになっている機械である。通常、二つの状態の可能性しかなく、コンピュータの専門用語では、それらは0と1である。例えば、水が流れていたり流れていなかったりするパイプのシステム、個々のギアが働いたり働かなかったりするギアのシステム、（普通の現代式コンピュータでのように）開閉できる電気スイッチのシステムなど、数限りなく多様な物理システムは、スピードはいうまでもなく実用性はいろいろではあるが、原理的にはそのような機械とみなすことができる。そのようなシステムを形成するために人間の大部隊を動員して、個人用のイヤホンを通した命令によって（クリストの環境芸術からの借用であるが）緑か赤の旗を高くあげさせることさえできる。例えば、単語、数字、チェス盤上の駒の位置、輸送網の集配トラック、気象状況など、その機械の進行中のプログラムが何に関わるものであれ、0と1の文字列《ストリング》は、どのような列になろうとも、それを表す役目を果たす、つまり、その記号となるのである。プログラムの実行では、例えば、結合せよ、再配列せよ、保存せよ、検索せよなどの、そのプログラムが指定する規則に従って、これらの文字列に対して演算が遂行されるのである。

例えば、単純なデジタル・コンピュータがどのように計算をしているのかを検討しよう。数字は、いつもの10進法ではなく、2進法を使って開閉スイッチの文字列によって記号化できる。10進法では、数表示の右端の桁は0から9で単位（1の位）の数を表し、その左の桁は0から9で10の位の数、その左の桁は0から9で100の位の数、その次は1000の位、などなどと続く。2進法では、右端の桁は単位（1の位）の数を表し、今や0か1だけであり、その左の桁は2の位の数で、これも0か1であり、その次は4の位で、0か1であり、その次は8の位で、などなどと続く。例えば、3という数字は、2進法では11（2の位が1で1の位が1）と書き、コンピュータの中では連続する二つの閉スイッチで表すことができるだろう。13という数字は、1101（8の位が1で4の位が1で2の位が0で1の位が1）と書き、閉スイッチの後にもうひとつの閉スイッチ、その後に開スイッチ、それから閉スイッチと表すことができるだろう。

　コンピュータがどのように二つの数字の足し算をするのか検討する前に、あなた自身が2進法を使ってどのようにしたらできるかを検討しよう。0と0の合計は0で、1と0の合計は1である。1と1の合計は2進法で10（2）である。あなたが2と3を2進法で足し算したいとしよう。左上のように書くことができるだろう。

```
 10 (2の位が1で1の位が0)
+11 (2の位が1で1の位が1)
───
```

　右端の列から始めて、0足す1は1、それで右端の桁はその合計で1となる。左の列に移って、1足す1は10となり、それでその合計で、その桁は0となり、もうひとつ左に列を移して1が繰り上げられることになる。繰り上げられたものに足す桁はもうないので、合計で最後の桁は1となる。このように2進法で合計は101、すなわち、4の位が1で、2の位が0で、1の位が1であり、つまりそれは5である。

　さて、コンピュータによる二つの数字の足し算に移ろう。コンピュータでそれを可能にする方法（Johnson-Laird, 1988 の提案）は、コンピュータに二つの状態の可能性を備えさせることであり、それは、最初の状態である「非繰り上げ」状態と、「繰り上げ」状態である。そのプログラムは、次の規則ないしは指示を与えることができる。

足し算をする二つの数のそれぞれの右端の桁を表す列から始めて、それからひとつ左へ、ひとつ左へと続けていきなさい。

非繰り上げ状態では、
もし両方の桁が0ならば、合計に0を書き、非繰り上げ状態のままでいなさい。

もしどちらかの桁が1で残りが0ならば、合計に1を書き、非繰り上げ状態のままでいなさい。

もし両方の桁が1ならば、合計に0を書き、繰り上げ状態に移りなさい。

もしこれ以上足し算する桁がなければ、終わりなさい。

繰り上げ状態では、
もし両方の桁が0ならば、合計に1を書き、非繰り上げ状態に戻りなさい。

もしどちらかの桁が1で残りが0ならば、合計に0を書き、繰り上げ状態のままでいなさい。

もし両方の桁が1ならば、合計に1を書き、繰り上げ状態のままでいなさい。

もしこれ以上足し算する桁がなければ、合計に1を書き、終わりなさい。


このようにして、七五頁の足し算の例に戻ると、機械がどのようにしてそれを扱うかが分かる。(a)非繰り上げ状態で右から始めて、足し算する右端の桁のひとつが1で残りが0なので、機械は合計に

1を書き、非繰り上げ状態のままでいる。(b)そのひとつ左の足し算する桁の両方が1なので、機械は合計に0を書き、繰り上げ状態に移る。(c)それから、その左の桁には足し算するものがないので、機械は合計に1を書き、終わる。さてこれで機械は101と書くことになり、(安堵して分かるように)人間が行なったのとちょうど同じである。

それで、コンピュータは、そのプログラムの中の規則に従って記号——必ずしもそうは限らないが典型的には電気的に具体的な物理的現実を持つ0と1の文字列——に演算を施すのである。その過程は、われわれがちょうどそうしてきたように、具体的な物理的現実を無視して、0と1を使って抽象的に記述することができる(われわれは、開閉スイッチやギアに関して話さなかった)。そして、記号は、0と1の文字列であり、ここではちょうど数を表したが、必ずしもその必要はなく、その代わりに何でも関心のある他のものを記号化してもよいのである。プログラマーの専門知識とは、0と1の文字列に望んだことをさせる規則を定式化する方法を知っていることであり、それは、例示したケースでは数の足し算であり、他のケースではチェスをしたり集配の効率的スケジュールを立てたりするような課題である。コンピュータは(そのプログラマーと一緒になると)何にでも使える傭兵だと言ってもよいだろう。

デジタル・コンピュータとしての脳

ソフトウェアとしての心の擁護者は、脳もまたデジタル・コンピュータだと論じる。この見方によれば、脳の中には非常に多くの独立した個々の要素があり、そのそれぞれが二つの異なる状態のうちのいずれかになっているのである。そのような要素は、活性化した神経細胞と活性化していないそれとからとか、活性化した神経細胞の集まりと活性化していないそれの集まりとからとか、その他の何らかの神経生理的現象から構成されているのかもしれない。これらの要素の集合は、標準的なコンピュータの開閉スイッチが記号の役割を果たすのとちょうど同じように、記号の役割を果たす。われわれが心的過程を営むときには、プログラムが標準的なコンピュータ上で実行されるのとちょうど同じように、その記号が変換され演算を施されるのである。これらの演算は、具体的な物理的現実を無視して、抽象的に記述することもできる。心的に話すということは、要するにそのような説明になるのである。

われわれが心的な用語を使用するとき、われわれが行なっていることは、われわれの頭の中の物理的記号と、それらに対して遂行される物理的演算について抽象的に話しているのである。われわれは、人間が数を足し算することについて話すときには、われわれの頭の中の数を表す物理的記号に対する演算について話しているのであり、人間のチェスの選手が対戦相手の指し手を読むことについて話すときには、われわれの頭の中のチェスの駒の位置を表す物理的記号に対する演算について話しているのである。心理学者ウルリック・ナイサー（1967）が、『認知心理学』という、心理学者の間で心をソフトウェアとみなす見方を始めたと言われている彼の本の中で述べているように、人間は、コンピュータと同じようにプログラムで作動する情報処理者である。

ナイサーの指摘によれば、プログラムは、「記号を扱うための一連の指示」であり、入力がどのような特徴を持っているかによってどの処理手続きに従うかを指示し、その処理手続きの結果に対して何をし、いつ項目《アイテム》を記憶装置に送り、いつそれを検索し、さらに何を利用するか、などなどを指示する（1967, p.8）。標準的なコンピュータシステムでは、この入力は、オペレーターによるキー・ストロークや、それが生じさせる電気信号によって構成されている。人間では、その入力は、感覚受容器の興奮や、それが生じさせる神経インパルスによって構成されている。この神経生理的な原料から人びとの頭の中で作り出される物理的記号は、その個人の話し言葉に含まれる単語に対応するかもしれないが、心性に独特なある種の特別な「思考の言葉」の構成要素でもあるかもしれない（Fodor, 1975）――それは、われわれは確かに何かを心の中に持っているのだが、それを表す単語が出てこないという「喉《のど》まで出かかっている」現象に当てはまるかもしれない。

　心をソフトウェアとみなすアプローチの物語は、さまざまな心理学者や言語学者やコンピュータ科学者が、特定の心的機能の遂行を補助するのに有望なさまざまな個別のプログラムを考案するのに精を出してきた物語である。これらのプログラムの中の規則と指示は、コンピュータが足し算を遂行するさいにわれわれが前述したものにとてもよく似ているが、それよりもはるかに複雑で、入力された記号だけでなく記憶に貯蔵されてきた記号も扱っている。これらのプログラムは、どのようにしたらソフトウェアのようなものがさまざまな種類の心的活動を下支えすることができるのかを実証している。

　例えば、書かれたテキストを読み上げるプログラムがあり、これは読み書きのできる人間にとってはきっと馴染みのある心的機能だろう。テキスト読み上げプログラムは、発音のアクセントの適切な位置のような微妙な問題にさえ対応していて、次の（他の条件が等しければの）規則を使っている。「もし最後の音節が二つの子音で終わるならば、その母音にアクセントが置かれる（exíst, revólt, adópt）。もし最後の音節が一つの子音で終わるならば、最後から二番目の母音にアクセントが置かれる（éxit, ímage, práctice）。もし最後の音節が長母音ならば、アクセントはその母音に置かれる（erráse, deplóy, retriéve）」（G. W. Smith, 1991, pp.49-50）。レストランで食事をするといった、ある特定の社会的事象に関わることを理解するためのプログラムがある（Schank & Abelson, 1977）。そして、手元の問題が何であれ、問題の解決法を見つけ出すためのさまざまな方略を利用して、それを解決するためのプログラムがある（e.g., Newell & Simon, 1972）。

ソフトウェアの見方の擁護者たちは、物理的記号に対する演算の遂行が、二元論に頼ることなく知識に基づく行動を説明できる唯一の方法になると論じてきた。前の章で議論した、強盗が財布を要求したのに対して私がそれを渡すという例について再び検討しよう。ソフトウェアの擁護者たちは、前の章で論じたような理由で、われわれと同じように、条件づけの原理を、私の行動の十分な説明になっていないと拒否する。彼らはまた、記号に対する演算に頼ることなく、そのような行動を体系的に説明できるという考えをも拒否する。というのは、もしできるのであれば、まったく関連のない点でお互いに物理的に異なる状況に対して異なる説明が必要になるからである。例えば、私はドイツにいるドイツ人で、その強盗は英語ではなくドイツ語で私の財布を要求するかもしれない。あるいは、何も言葉は必要なく、その強盗の身振り手振りが、そのメッセージを伝えるかもしれない。彼らが指摘するように、ここで問題となっている状況のすべてに共通する本質を、純粋に物理的な用語で表現することはできないからである（Pylyshyn, 1984 を参照）。

心的な言葉を持ち出して、この問題の面倒を見ようとするのは、私が財布を差し出すことを、例えば、もし私がそれをあきらめなければその強盗が私に危害（あるいは、たぶん、私がそれをあきらめて被るのよりも大きな危害）を加えそうだという信念によって説明できるからである。この説明は、純粋に物理的な用語での説明が（文字通り）無限にひとつひとつを扱わなければならないようなさまざまな状況のすべてを極めて簡略に扱っていることになる。この説明はまた、もし私がその強盗を強盗だと表象《おもわ》せず、例えば、悪ふざけだと表象《おもっ》したり、あるいは、もし私がその強盗は私に危害を加えられないと解釈したりすると、私はおそらくお金を渡さないだろうという直感にも一致することになる。しかし、信念や表象や解釈などの心的実体を、われわれがすることの原因として持ち出すことには、二元論のかすかな痕跡以上のものがある。それで、心的な言葉を使うときに、もし、二元論に陥らないで原因について説明しようとするのであれば、これらの心的実体は、どうにかして物理的なものとして理解されなければならないだろう。

これがまさに、心的過程を頭の中での物理的記号に対する演算とみなすことによって達成できることである。つまり、ソフトウェアの見方である。（例えば、強盗からもたらされる複合的な感覚刺激などの）感覚入力が、（例えば、その強盗やその強盗の言うことを表す）物理的記号に変換され、それに対する演算が、（例えば、財布をあきらめることができないときの危害の確率を表す）さらなる記号を生み出し、それが（例えば、財布を差し出す）行動を説明するというかたちで考えることができるのである。ピリシン（1984）の言葉では、「人間が表象に基づいて行為することが可能なのは、人間がそのような表象を認知的な符号《コード》として物理的に具体化していて、人間の行動は、その符号に対して遂行される演算によって生じる結果だからである」（p.xiii）。つまり、二元論ではない心的原因である。

意識や感情や意味はどうか

しかし、ちょっと待て。われわれの心的過程はちょうどコンピュータの中の記号に対する演算のようなものであるというまさにその考えが、ばかげたものに思われるかもしれない。たとえ、人類を進化や経験によって「プログラムされた」ものとみなすことはできたとしても、われわれの心的生活は、計算や論理の問題とはとうてい思われない。意識や情熱や感情はいうまでもなく、意味や直感や創造性などの非計算的な事柄はどうだろうか。ソフトウェアの見方の擁護者たちは、これらの用語がある種の実際の現象を表していることを受け入れる傾向があるだろう。しかしながら、彼らは、これがゆえに自分たちの見方が弱くなることは拒否するだろう。

意識から始めよう。ソフトウェアの擁護者たちは、記号に対する演算は、意識を説明しないということに同意するだろう。しかし、彼らは、心理的過程は、この過程が意識的なときには意識的でないときに比べてさらに何かの条件――例えば、特定の神経細胞の点火――を付け加えることで、われわれの頭の中の記号の演算で十分に構成できると論じるだろう。それで、心をソフトウェアとみなす見方は、この点で、心の見方としては不完全ではあるが、必ずしも間違っているわけではないことになるだろう。そして、同じことは、感情や情熱や情動にも当てはまる。なぜなら、この見方はそれらを説明しないけれども、ここでも、それらの存在は、これらの点でそれが不完全なことを意味しているのにすぎず、それが誤っていることを意味しているわけではないからである。ここでも、おそらく脳以外の身体部位での事象や、おそらく脳それ自体の中での化学的過程を含むような、さらに何か条件を付け加えることが必要になるだろう。これらの多様な追加条件に関係するものが何であれ、それは、物理的記号に対する演算のように、ここでも身体に関わるものであり、それで、二元論への恐怖の扉をこっちに開く必要はないのである。

意味はどうだろうか。意味という考えそのものが、コンピュータの場合には当てはまらないように思われる。というのは、コンピュータの中の開閉スイッチのさまざまな配列は、われわれが解釈することによってのみ意味があるからである。それらは、それだけでは何も表さないのであり、それらは、われわれから意味を得ているのである。それでは、心をソフトウェアとみなす見方では、われわれの頭の中の「記号」はどこからそれらの意味を得ているのだろうか。それらを解釈する小人《ホムンクルス》が頭の中に座っているのを仮定しなくてもよいのだろうか。そして今度は、その小人の頭の中の記号は、どこからそれらの意味を得ているのだろうか。

哲学者ジョン・サール（1997）は、この問題について印象的な解説を行なっている。ソフトウェア・プログラムがすることとは、与えられた記号の文字列がどのように他の記号の文字列に変換されるかを指定することである。コンピュータがこれらの記号の意味を理解していないのは、かりにあなたがサールが描いた「中国語の部屋」のようなものに閉じ込められたときに、それを理解していないのと同じことである。中国語で書かれた質問（入力）があなたに送り込まれるが、それらはあなたが読むことも話すこともできない言葉である。一冊の英語の指示書（プログラム）が、これら漢字の入力を、それらがどう見えるかに基づいて、適切な漢字の出力に変換する方法を教えてくれる。あなたは、変換された漢字を送り出し、それらが質問に対する答えとなる。質問が次から次へと送り込まれ、あなたは、発狂せんばかりに懸命に働き続ける。たぶん、あなたの苦境をアムネスティ・インターナショナルにどうやって伝えようかと考えながら。

この虐げられた事務員のように、あなたはあなたの「受信」箱と「送信」箱と指示書を持っているが、あなたは、何にせよ中国語を理解できているのだろうか。もしあなたが、しばらくの間このように進めれば、あなたは、漢字がお互いにどのように関係しているのか――漢字の使用を支配する抽象的な規則――について少しは慣れ親しむようになるかもしれない。あなたは指示書の一部を記憶してしまい、それでもはや、それを調べたり、漢字の間の特定の逐次的な規則性を見つけたりする必要はないかもしれない。しかしそれでも、きっとあなたは、中国語を知っている人がしているような理解をしているわけではないだろう。せいぜいあなたは、任意の記号の間の抽象的な関係を形式的に理解しているのにすぎないだろう。記号は、あなたにとって何の意味ももたらさないし、それらは何も指し示さない。あなたは、中国語を知っている人のようには、それらがいったい何なのかは分からないだろう。

外部の情報源からの解釈が用意されなければ、コンピュータの記号は、中国語の部屋に監禁された事務員に対して漢字が意味を持っていないのと同じように、意味を持っていない。コンピュータは、おそらくその記号がお互いに持っている抽象的な関係以外には何も理解することはできないと言えるだろう。例えば、チェスをするコンピュータについて検討してみよう。あなたか、それともコンピュータの外部のその他の代理人か機関が、コンピュータの任意の記号の文字列の解釈を用意し、それらの記号にチェスの駒や盤の位置や駒の動きの意味を与えて初めて、あなたはコンピュータとチェスのゲームをすることができるだろう。そのような解釈がなければ、記号は、それ自体では外部の何も指し示さない「機械語」の辺獄をさまようことになる。そこには内部の文法的な関係しかない。コンピュータからの記号の文字列は、原理的には、ある日には、チェス盤の上をさまざまに動き回る駒と解釈できるだろうし、別の日には、軍縮条約の交渉のときのさまざまな場所の兵器の種類とその備蓄量と解釈できるし、次の日には、六日戦争（第三次中東戦争）の作戦の焼き直しで争っている中東の諸勢力の軍隊と軍事行動と解釈できるだろう（Rey, 1980 を参照。Fodor, 1981 の Rey に関する記述も参照）。

コンピュータの中の記号の文字列は、それだけでは、コンピュータの外部の世界の何をも表していない。それで、ソフトウェアの見方は、意味を説明することができないということになる。しかしここでも、ソフトウェアの見方は単に不完全なだけであり、間違っているわけではないと言えるだろう。チェスをするコンピュータが、ロボットに組み込まれて、そのロボットは、チェス盤の上の駒の位置を見つけ、それをある位置から別の位置に動かすことができるとしよう。駒の位置を見つけそれをあちこちに動かすロボットのメカニズムをコンピュータに連結すると、そのコンピュータは、対戦相手の指し手を登録して（そして、正当な指し手かどうか審査して）、そのロボットが行なう指し手を決めることができるだろう。

それで、人間による解釈がもはやなくても、そのロボットにとっては、スイッチの配列はチェス盤の上で特定の駒と位置を表しているということになるだろう。コンピュータの中のスイッチの配列は、それだけで何かを表しているとは言えないが、それらがいったん、世界の中の対象や場所や事象を感知し、それからそれらに対して反応するシステムに組み込まれると、そのシステムにとっては、それらが、それらの対象や場所や事象を表す役目を果たすことができるのである。さらなる解釈を当てはめる必要はないのである。

そして、神経インパルスの配列でもそうであり、われわれの頭の中の物理的記号を構成するものならば何でもそうである。小人は家に帰ってしまうのである。つまり、これらの脳の事象は、小人による解釈を必要としないのである。というのは、それらは、われわれというシステムに組み込まれているからである。それらは、そのシステムが機能的に結び付いている対象や場所や事象を表す役割を果たすことができる。結局のところ、そこには他の何が必要なのだろうか。脳の内部の特定の事象は、脳の外部の特定の事象によって生じる結果となり、それらに対する反応を媒介することによって、それら脳の外部の特定の事象を表すことができるのである。他の種について検討しよう（Hughes, 1999)。サメでは、動物が水の中で放射する電界を感知する受容器の興奮によって生じる特定の脳の事象が、追い駆けるべき餌食を意味する。コウモリでは、空気圧——自分が発する音の反響——の変化を感知する受容器の興奮によって生じる特定の脳の事象が、回避するべき障害を意味する。何が記号の役目を果たそうと、それが、記号化されるものを感知し、それに反応することができるシステムの一部となっている限り、そのシステムが人間であれ、サメであれ、コウモリであれ、ロボットであれ、その記号が物事を表すために、つまり、その記号が意味を持つために、さらなる解釈を必要としないのである。それゆえ、少なくとも原理的には、意味もまた、心を頭の中のソフトウェアとみなす見方に反対しているわけではないのである。

考えることや問題を解決することはどうか

しかし、たとえわれわれが、意味がどこに由来するかについてこれを認めるにしても、考えるといったようなことについてはどうだろうか。考えるという過程はすべて本当に形式的な規則に従うという問題だろうか。直感、洞察、創造性のような用語は、そうではないことを示唆しているように思われるだろう。われわれは、形式的な論理や計算の手順を踏んでいたり、あるいは、本書のために文献カードを名前のアルファベット順に並べていたりするときには、何か規則に従っているようなことをしていることを意識しているが、問題に対する解決法というものは、われわれが、それについて考えていることをまったく意識することなく、突然われわれが「思い付く」ものかもしれない。数学者ジャック・アダマール（1945）は、印象的な昔の例をいくつか紹介しているが、それらは、数学という、特に規則に縛られていて、それゆえに特に洞察による攻撃に対して免疫のある思考の分野の最も洗練された業績を引いているので、なおさら打ち負かし難いものである。

アダマールが説明しているひとつの経験は彼自身のものである。「外の音に不意に目覚めると、長い間ずっと探してきた解決法が私のもとに瞬時に現れた。それも、私のほうでは一瞬たりとも思案していたわけではなく……そして、私が以前に辿ろうとしたことのあるどの道順ともまったく違った道順で」(p.8)。もうひとつの例は、アダマールがポアンカレから引用しているものである。彼は、数学を忘れて、地質調査の旅行の途にあったとき、バスに乗り込もうとしたとき突然に「私はその考えを思い付いたが、私の以前の思考の中にそれをお膳立てするようなものは何もなかった。それは、私がフックス関数を定義するために使っていた変換が、非ユークリッド幾何学の変換と同一であるという考えであった」(p.13)。さらにもうひとつのアダマールの例は、ガウスからの引用である。彼は、何年もある特定の数学の定理を証明することができないでいたが、「神の恵みによって」成功がやっと訪れたのである。「突然の稲妻のように……私自身に分からないことは、私が以前に知っていたものを、私に成功をもたらしたものに結び付け誘導した糸が何であったかである」(p.15)。

日々の活動は、明らかに規則に従うことなく知性が働いている事例に富んでいる。われわれは、論理や数学や、チェスのような公式ゲームで問題に直面しているときを除いては、規則に従って考えていることを意識することはめったにない——そして、アダマールやポアンカレやガウスが証言しているように、そういうときでも意識していないことがある。われわれが意識的に問題を解決しようとしているときでさえ、われわれは、どのようにして特定の思考の思い付きに到達したのかを、ふつう意識していない。それらは単に思い付くのである。つまり、それらは典型的には、われわれが手順《アルゴリズム》を当てはめた結果ではないように思われる。例えば、チェスをするとき、おそらくすべての選手が頭の中でさまざまな指し手を試してみるのだろうが、彼らが検討するのはいくつかの指し手の可能性だけであり、初心者だけが、それらを選ぶために意識して規則を使うだろう(Dreyfus & Dreyfus, 1986)。

ソフトウェアの擁護者たちは、そのような現象を自分たちの見方に反対するものとはみなしていない。結局のところ、すでに意識については、これらの擁護者たちは、何か特別なさらなる条件が（ときには）記号に対する規則に縛られた演算に付け加えられているものとして認めているのである。われわれが、意識的に規則に従うということをしていないとき、彼らは、われわれが単に無意識的にそうしているだけだと言うだろう。おそらくそれはそうかもしれないが、もしわれわれが無意識的に規則に従うのにそれほど得意であるのなら、そもそもどうして（結局のところ、それほど厄介なのに）意識的に推論することで頭を悩ますようになるのかが明らかではない。哲学者ヒューバート・ドレイファス（1992）が指摘しているように、もし無意識的な記号の操作によって、チェスの選手が比較的少ない数の指し手の可能性に焦点を絞るところまで行けるのであれば、「その無意識的な過程を最後の最後、ちょうど最善の指し手が意識に飛び込んでくるまで続けるほう」がもっと効率的ではないのだろうか（p.106）。

さらに、われわれの認知的な才能の多くは、意識的にせよ無意識的にせよ記号の操作の規則に従っているという観点からはまったく理解しがたいものである。これらの中でも異彩を放っているのは、われわれに関連のあるものに焦点を絞り、他のものは無視するというわれわれの能力である。われわれは、関連のありそうな情報に焦点を当てるのに長けている。形式的な規則に従うということによって、どのようにしてこれがなされているかを説明できるだろうか。デネット（1987）のハイテク寓話によって、その問題が紹介できるだろう。デネットはわれわれに語って聞かせる。かつてR1と命名されたロボットがいて、自分が生き延びることに専念させられていた。その設計者たちは、貴重な予備電池が、鍵のかかった扉の向こうの部屋の台車の上に置いてあり、その台車には時限爆弾も置いてあり、まもなく爆発すると、R1に教えた。R1は、鍵を使って扉を開け、部屋から台車を引っ張り出す計画を立て、ちょうどそれを引っ張り出したとき、爆発が起こった。R1は、台車を引っ張り出すと爆弾を引っ張り出すことにもなるという意味を見落としていたのである。

それで、その設計者たちの次のロボットのモデルR1D1は、「推論ロボット」として設計された。彼らが言うには、R1D1は、「自分の行為が意図する意味を認識するだけでなく、計画を立てるときに使用する記述から推論することによって、自分の行為の派生的影響に関する意味もまた認識する」（pp.41-42）だろう。R1D1は、電池を爆発から救うという同じ課題を与えられると、R1と同じ計画を立て、すぐさまその計画の派生的影響の意味の検討に取り掛かった。台車を引っ張り出しても部屋の壁の色は変わらないことを証明し終わり、台車の車輪の回転数への影響を調べ始めたちょうどそのとき、爆発が起こった。

その設計者たちはひるまなかった。彼らの次のモデルR2D1、「関連推論ロボット」は、彼らが言うには、「関連のある情報と関連のない情報」を分けて、「そして、関連のない情報を無視する」（p.42）よう設計された。R2D1も、電池を救うために、不運な前任者と同じ計画を決めたが、その後は、扉の前でじっと動かないままであったので、その設計者たちは苛立った。R2D1は彼らに対して、自分は何もしてい**ない**のではなく、「自分が関連がないと決めた何千もの意味を無視するのに忙しかった」（p.42）とだけ説明したのである。われわれは、『スター・ウォーズ』のR2D2が、その関連問題をうまくやりこなしているように見える、その洗練された行動で有名なことに注目するかもしれないが、それでも、あなたは映画の中で目にするものを信じることは決してないだろう。

デネットのロボットを助けるために、ある行為の結果としてそれが確かに変わるという明白な知識がなければ、その行為の結果としては何も変わるものはないと――いわば、「眠っている犬を寝かせておくよう」(e.g., Ford & Pylyshyn, 1996)――、それに想定させておけばよいかもしれない。このことは、少しは役に立つだろう。ロボットは、例えば、部屋の壁の色についてもはや思い悩まなくてもよいだろう。しかし、その行為の結果としては、非常に多くの関連のない事実が確かに変わるだろう――それらの事実は、台車の車輪の回転数だけではなく、例えば、その部屋にある物の数、その部屋の中の物の全重量、その部屋の中の物が占める空間量、その部屋の中で遮るもののない直線の配置などである。もちろん、もし最初に設計者たちがロボットに、関連のないものについてあまり知識を与えず、それでそれが壁の色や車輪の回転などについて何も知らなければ、それはあまり多くのことを処理しなくてよいだろう。しかし、もし設計者たちが、それが有効な行動計画に到達するのに必要とする情報を与えて、関連のない情報を与えないでおくということをするとすれば、ロボットではなく、設計者自身が何が関連するかを見分けていることになるだろう。

ソフトウェアの見方に対して関連性が提起している問題は、実際には、デネットの寓話が示唆する以上に大変なものである。その寓話では、関連と無関連は、すでに到達したある有望な解決法(扉の鍵を開けて台車を引っ張り出すこと)の意味に関してだけ問題になる。しかし、ある有望な解決法が最初に考案されるためには、それに関連する事実が、その問題解決者が自由にできる膨大な全知識の中から選択されなければならない。したがって、ある問題を解決するさいに無視するべき関連のない事実の数は、その問題にとって有望な解決法の関連のない意味の数よりもはるかに大きいものになるのである。ソフトウェアの見方は、それほど多くの処理に立ち向かうことを望むことすらできるのだろうか。

関連する事実が形式的な規則に従って選択されるということのほうが、ソフトウェアの見方の範囲の中に収まるに違いないので、より妥当かもしれないが、これは、もし事実が、それが関連するかもしれない問題の種類ごとに分類されればそうである。このことは、例えば、医療診断、所得税申告、特殊なゲームなどの限られた文脈ではおそらく可能だろう。しかし、ほとんどどのような事実も、あれやこれやの文脈で、ほとんどどのような問題にも関連があるかもしれない。そうでないことを説明しようとして、コンピュータ科学者たちの中には、もし手元の問題がある特定の日にフレッドが朝の八時三〇分までに朝食をとるかどうかを見出すことであれば、インドのお茶の価格はまったく検討の必要がない遠く離れた事実だと言った人がいる。「しかし、どうして」と、哲学者ジャック・コープランドは意見を述べた。「もしフレッドが、たまたまインドのお茶に多額の投資をしていて、市場がひどく下落し、ちょうど朝食の席に着こうとしたときにこの話を耳にするとしたら……」(Copeland, 1993, p.115)。同じように、アーサー・コナン・ドイル（1891/1958）のシャーロック・ホームズ物語『ボスコム渓谷の惨劇』でのように、しばらく岩の下にある草が茶色に変色することは、もし緑の草が殺人現場の近くの岩の下で見つかると、殺人の謎を解き明かすのに関連があるかもしれない。デンバーを激しい嵐が通り過ぎていることは、もしコロラドから（義理の）兄弟がわれわれを訪ねて飛行機の中にいるならば、ノースカロライナでわれわれが就寝しようとする時間に関連があるかもしれない（時刻変更の方向を考えると、彼は疲れていないが、私たちは疲れているだろう。どうでもいいけれど）。などなどである。

　このように、あまりにも多くのものを処理するというソフトウェアの見方のジレンマは、事実を問題への関連性で分類することによっては（眠っている犬を起こそうと寝たままにさせようと）解決できないと、われわれは思う。われわれの意見では、フィルタリング情報選別の規則を追加することによっても解決できないだろう。というのは、一般知識ベースと常識推論システムを構築しようとする桁はずれの大掛かりな「CYC《サイク》」プロジェクト（encyclopedia を表す）でのように（Copeland, 1993 を参照）、検討する事象を空間的、時間的に近い事象に限るという近接性のような情報選別規則には問題があるからである。そもそも十分なものが選別されて除外されるかどうかという深刻な問題は別にしても、例外を扱うためには、いつもさらなる規則が必要になってくるだろう。近接性の規則は、おそらく、シャーロック・ホームズが岩の下の緑の草に関連性がありそうなことについて焦点を当てるのに役立っただろうが、それは、インドのお茶の価格やデンバーの嵐のような遠く離れた事象を検討から排除してしまうことになるだろう。

　特定の文脈で問題を解決することに関連しそうなものは、人間が目的を達するために百科事典的なリストを通して選別するのとは異なる方法で感知することができると思われる何かである。人間は目的を達するために、終わりのない可能性のリストを掻き分けて推論するのではなく、何か他の方法で行なう。確かにわれわれは、われわれが関連しそうだと見定めたものについては推論する。シャーロック・ホームズのような探偵は、たくさんそれをやっている。しかし、彼はまた、関連しそうなものを嗅ぎ分けるとても良い鼻も持っている。そして、その鼻は、形式的な規則に従って関連性を嗅ぎ分けているのではないように思われる。

第三章で、われわれが心を行動とみなす見方について議論したとき、われわれは、その見方が、知識と信念という概念を拒否したことによって、証拠という認識論的な概念を持ち込むことができなかったので、心性主義的に説明できるいくつかの行動を説明できなくなったと主張した。今やわれわれは、知識や信念は、心をソフトウェアとみなす見方に一致し、実際にその中心となる概念ではあるが、この見方はそれらと衝突もしていると論じてきた。デジタル・コンピュータがソフトウェアですること——規則に従った記号の操作——は、われわれが、現在の状況に関連しそうな特定の知識や信念に焦点を合わせるわれわれの能力を説明できないのである。これが感知されていなければ、ソフトウェアは役に立たないのである。その後でだけ役立つのである。

デジタル・コンピュータの方法で達成されると思ってよいのは、論理や数学や公式ゲームのような形式的推論である。これが事実だからといって、実際、それほど驚くことではない。というのは、コンピュータは、そもそも人間の形式的思考をモデルにして作られたからである。だから、ソフトウェアの見方の支持者たちが、コンピュータをモデルにして人間の思考に関する考え方を作るのに専念していることは、おそらく少し皮肉に思われるだろう。しかし実際には、あなたも、あなた自身にではないにしても他の人では気づいているように、われわれ人間は形式的推論があまり得意ではないのである。

もし、極めて一般的に考えることが、規則に基づく記号の操作とみなせるとすれば、なぜ最も簡単

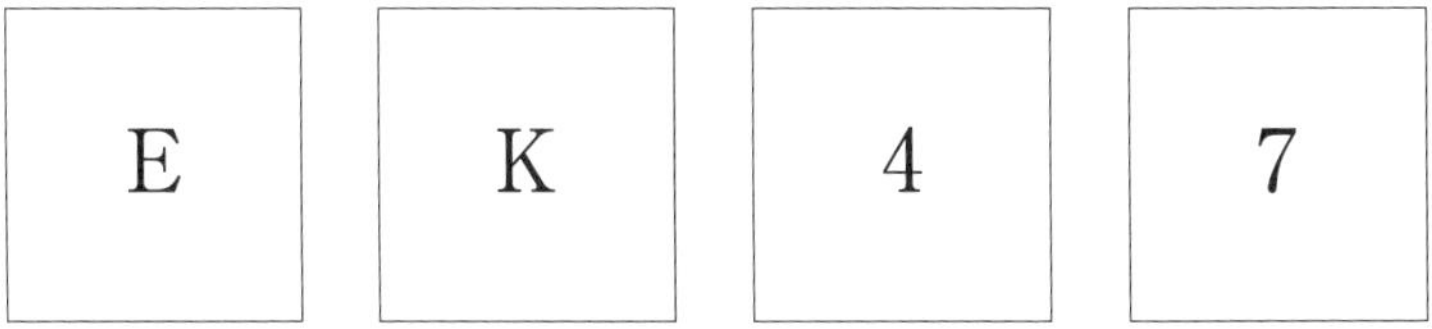

な論理問題でさえ、そんなにもしばしば間違われるのだろうか。人びとは典型的には、次のような大したことのない課題にさえも手を焼くのである。上の絵のような四枚のカードがテーブルの上に並べられている。

どのカードにも片面には文字が、反対の面には数字が書かれていると、その人は言われる。その人の仕事は、もしカードの片面が母音ならばその裏面は偶数であるという規則が正しいかどうかを決めるために裏返さなければならないカードを指定することである。

人びとがするべきことは、そして、これは人びとが典型的にすることではないのであるが、Eと7が書かれているカードを指定することである。もしEの裏面に（奇数ではなく）偶数がなければ、そして、もし7の裏面に（母音ではなく）子音がなければ、その規則は正しくないだろう。それでも、とりわけ大きな間違いは、多くの人びとが、Eだけを指定することであるが（e.g., Eysenck & Keane, 2000を参照）、これは、きっとコンピュータ・プログラマーにとっては驚くべき、あからさまな間違いである。その規則は、Kの裏側に奇数があっても偶数があっても、なおも正しいだろう――その規則は、もし文字が母音ならばその裏は何であるべきかを指定しているだけである。そして、その規則は、4の裏側に母音があろうと子音があろうと、なおも正しいだろう。つまり、もし母音があれば、もちろんその規則は正しいだろう。しかし、もし子音があっても、その規則は、子音の場合には数字については何も言っていないので、ここでもまた正しいことになるだろう。

繰り返すことになるが、もし記号の操作の手続きに従うことが極めて一般的な思考法であるとするならば、なぜわれわれは、この最も簡単な算数の問題のために紙と鉛筆、あるいは計算の助けになる外部のものを必要とするのだろうか（Clark, 2001）。なぜわれわれは、われわれの頭の中で計算して答えを次から次へと簡単に生み出すことができないのだろうか。言い換えれば、多くの特殊能力を持ったサヴァン症候群《イディオ・サヴァン》の人は、われわれよりもこれが上手にできるのだから、なぜわれわれのもっと多くの者がサヴァン症候群ではなく、むしろこれらのことについてはばか《イディオット》そのものでしかないのだろうか。ソフトウェアの見方は、サヴァン症候群の人の心に最も合うことになるのだろうか。

心的過程の性質は、規則が支配する記号の操作のそれではないと一般的には思われる。おそらくわれわれは、われわれがそうしていることを意識しているような少数の場合にだけ、そのような手続きを実際に遂行しているのだろう。例えば、われわれが何かに関する意識的な推論や熟考の必要に迫られ（そして、おそらく、そうでないときよりもいやいやながらそう進め）るときである。

ソフトウェアの見方は、誤りだと証明されてきたわけではないし、実際、われわれの思考過程の中には、われわれの頭の中で規則に従った記号の変換を伴うものがある。しかし確かに、この見方は、控えめに言っても心の説明としては、不完全なことが明らかにされてきた。それは、知的な行動だけを説明し、情動や意識を説明しようとしない。それは、われわれがソフトウェアをロボットに組み込まなければ、意味の問題について何も言っていない。もちろん、この組み込みそれ自体は、ソフトウェアの擁護者たちの好みに合わないものではないが、それではわれわれは、ロボットとしての心を持つことになるのであり、ソフトウェアとしてのそれではない。おそらく、最も重要なことだが、その明らかな長所は知的な行動の説明であるのに、われわれの考えでは、どのようにしてわれわれに関連のあるものにわれわれが焦点を絞ることができるのかを説明することができないのである。結局のところ、関連のあるものに焦点を合わせることは、人間が機能するための普遍的な条件であり、デジタル・コンピュータをロボットに作り上げることでさえ、その条件を満たすことはできないだろう(もし二元論者がよく考えれば、ここに二元論者のさらなる儲け話がある。しかし、そのままにしておこう)。

心をソフトウェアとみなす見方は、せいぜい、心的なものと通常解釈されているもののほんの限られた領域にだけ当てはめることができる。われわれの探究は続かなければならない。

簡潔に言うと

われわれの頭の中のソフトウェアとしての心は、心的過程はコンピュータの過程のように、規則に従って物理的に具体化された記号の変換から成り立っていると主張している。心的な言葉は、行動の神経的な——実在し内面的ではあるが、私的ではない——原因について、より抽象的な水準で述べている。もしかしたら、これは確かに、心的な言葉が指し示しているものであるが、規則に従った記号の変換は、心のものと通常されているもののほんの一部しか説明できないように思われる。

第五章　脳としての心

この章で検討する見方は、心理的な現象の原因を脳の内部の事象とみなしている。心は、本質的には脳であり、心的状態は脳の状態である。哲学者オーウェン・フラナガンが述べているように、「知覚すること、考えること、熟考すること、選ぶこと、感じることは脳の過程である」(2002, p.77)。

この見方では、心を話し方とみなしたり心を行動とみなしたりするのとは反対に、心的事象は現実のものである。しかしながら、二元論とは対照的に、その現実性は、物理的なもの、具体的には神経生理的な出来事である。心をソフトウェアとみなす見方は、認知的過程を脳の中で物理的に実現された記号に関わるものとみなしているので、厳密に言えば、脳としての心に含まれるものである。しかし、ソフトウェアの擁護者たちが、認知的過程の理解にとって神経生理は無関連だとみなしているのに対して、脳としての心の擁護者たちのほとんどは、神経生理が中心的だと考えている。

脳としての心は、新しい可能性ではなく、のらりくらりと進んできたのであり、弾みがつくまで長い時間がかかった。西暦紀元前数千年、心が脳に依存していることは、すでに少しは認識されていた。その時代のエジプトのパピルスには、頭と肩の損傷の心理的な後遺症について極めて注意深い記述がある(Breasted, 1930)。このパピルスには、脳損傷によって――例えば、麻痺や無感覚でのように――影響を受ける身体の側面は脳損傷の反対側だという、今では十分に確立された事実の指摘がある。しかし、チャールズ・グロス(1998)は、これまで神経科学の歴史の研究だけでなく、科学それ自体にも貢献してきたが、このパピルスが「続く二四世紀ほどの間、中東の生物学と医学の著作物が泳いできた神秘主義と迷信の海の中の実証主義の岩として突き出ている」(p.8)と、われわれに語っている。古代文明では全般的に、文化人類学者によって研究されている無文字文化でも同じように、脳ではなく心臓が、心の事柄が典型的にあるとされる身体部位であった。記憶することを心臓で学ぶ《ラーン・バイ・ハート》というように、われわれの比喩は今でもこのことを反映している。

西暦紀元前五世紀までには、ヒポクラテスと連携した医師たちが、もう一度、注意深い実証的な研究を行なっていた。彼らは、脳損傷の人に対する観察と手術を通して、脳が中心的な心理的役割を果たすことを確信した。ヒポクラテス学派出身のある著者が、極めて強力に、そしておそらく少し憤慨しながら、この点を主張している。

　われわれの喜び、楽しみ、笑い、慰みの源は、われわれの悲しみ、痛み、不安、涙の源も同じように、脳以外の何でもないと、一般的に知られるべきである。それは特別な器官であり、そのおかげでわれわれは考え、見、聞き、醜いものと美しいものや良いものと悪いものや快いものと不快なものとを区別することができる……脳はまた狂気や錯乱の源であり、しばしば夜に、ときには昼でさえもわれわれを悩ます心配や恐怖の源である。そこは、不眠や夢遊の原因があるところであり、浮かんでこない考え、忘れられた義務、奇癖の原因があるところである。(Hippocrates, 1950, pp.190-191)

その著者の考えでは、人間の行動にとって脳が中枢であることは、そのときまでには一般に認められておくべきだったのに、事実はそうではなかった。西暦紀元前四世紀にアリストテレスは、脳ではなく心臓が感覚と運動の両方の決定的な中心だと、なおも主張していた。彼は、脳の機能不全が精神疾患というかたちで現れることを認めていたが、彼は、「心臓の熱と沸騰を和らげる」という脳の基本的な機能が遂行できなくなることによってそうなると考えていた（Aristotle; Gross, 1998, p.20の引用）。アリストテレスの見方は、続く数世紀でさらなる証拠が、動物と人間の解剖からだけでなく動物に対する実験からも得られるようになると、次第に妥当性を失っていった。人間を対象にする研究の倫理審査委員会を突破しなくてもよかったのに、人間に対する実験は行なわれていなかった。最も驚くべきことに、西暦紀元前二世紀には、ギリシアの医師ガレンは、感覚器官からの神経を、心臓ではなく脳まで追跡することができていた（Finger, 2000）。

しかしながら、次の時代は、実証主義の時代ではなく、宗教の時代であった。ルネッサンスまで、さらなる実証的な研究はほとんど行なわれなかった。それに続く一六〇〇年代と一七〇〇年代には、いくつかの主要な神経生理学的発見が行なわれた。顕微鏡の開発のおかげで、神経が、それまで考えられてきたようなガスや液体を運ぶ空洞ではないことを観察することができた。その代わりに、電気を使った実験を通して、神経や脳が電荷を運んでいることが認められるようになった。しかし、脳が特定の心理的機能とどのように関係しているかに関する実証的研究は、一八〇〇年頃になって、オーストリアの医師フランツ・ヨーゼフ・ガル（1835）とともに始まったが、彼は医学の歴史中で彼が受けた悪評にも本当に値しないほどの本物の笑い者であった。

ガルの伝記的随筆を著した編者の報告によれば（Capen, 1835）、ガルは子どもの頃すでに、彼の仲間の生徒のそれぞれが特定の才能や素質《ディスポジション》を示す一貫性に驚いていた。それ以外には知的に恵まれていないものの、試験の役に立つような記憶には秀でた何人か（ごめん、ゆるせ！）と競争するのに、彼は苦労していた。彼が大きくなって別の学校でも同じようなことが起こると、彼は、良い記憶力の持ち主はみんな突き出た出目という特徴を持っているように見えることに気づき、このことが彼の子どもの頃の競争相手にも当てはまることを思い出した――彼の記憶は、ここでは十分に役立ったのである。彼はそれから推論した。目の後ろに言語的記憶と関連する脳の部位があり、良い記憶力の持ち主はこれが特に大きく、その結果、目が突き出ているのだろうと。

おそらく、極めて一般的に言って、実際に、ある特定の心理的能力が高いということは、脳がその能力により大きな部位をあてがっているためかもしれないし、そして、これらの脳の増大は頭蓋骨の隆起として顕《あら》われるかもしれない。ガルは、このように憶測して、そのような隆起と、例えば、色に対する感受性、自尊心、狡猾さ、詩の才能を含む非常にさまざまな異質な能力との相関を探し求めて、その相関を見出したと信じていた。不運なことに、彼の方法はとても雑なものであった。とりわけ大きな問題は、彼が、心理的特徴を印象主義的に査定して、偏りをもたらしそうな方法でデータを得たことである。それでも彼は、(ギリシア語の「心」を語源とする)骨相学者《フレノロジスト》の熱心な支持を得たが、彼らはガルの考えを追究し続け、特にカウンセリングや人事選抜などの実用的な利用を試みた。

彼らの努力にかかわらず、そして、おそらくガルのよりも未熟なその努力のゆえに、そのような研究に対する死刑宣告がすみやかに下され、執行猶予は決してなかった。一八二四年にはすでに、フランスの科学者ピエール・フローレンス(1842)は、動物の脳の部位を手術で除去する実験に基づいて、小脳は確かに特殊な――運動の統合――機能を持っているが、皮質のさまざまな部位の切除は行動に特異な影響を及ぼさないということを証明したと、ガルとは反対の主張をした。フローレンスの方法自体が、ほぼ間違いなくあまりにも雑で有益な解釈ができないからといって、彼の結論が広く受け入れられないということはなかった。脳内局在性の考えは、まだその時代が来ていなかったのである。

特殊な心理機能の脳内局在性を支持する、一般に受け入れられた証拠は、一九世紀後半になってやっと得られた。一八六一年にフランスの外科医ポール・ブローカ（1861/1960）は、通常の言語能力を失った一人の患者の死体解剖をしたことを報告し、左の前頭葉の裏側に大きな損傷があるのを発見した。その同じ位置の損傷が、それからまもなくして、言語障害を被ったさらに何人かの患者でも発見された。特定の皮質部位が特定の役割を果たすことは、一八七〇年にドイツの生理学者グスタフ・フリッシュとエドワルド・ヒッツィヒ（1870）とによってさらに確証された。彼らは、小さな電流を犬の皮質の特定の場所に与えると、刺激を受けた皮質とは反対側の身体の特定の部位の運動を確実に引き起こすことを実証することができた。これらの部位の損傷はまた、それに対応する反対側の部位の運動障害をもたらした。

少し後になるまで、神経細胞は、分離した単位ではなく、連続的な網状を形成していると広く信じられてきた。しかしながら、一八八〇年代と一八九〇年代には、特に神経解剖学者サンティアゴ・ラモン・イ・カハール（1901-1917/1989）によって改良された染色法を用いた研究と、神経生理学者チャールズ・シェリントンによる神経変性と反射に関する研究に基づいて、神経細胞に関する概念が変わり始めた。神経細胞は独立した単位、すなわちニューロンであり、それらは、次から次へと電気インパルスを間隙、すなわちシナプスで渡していくということが、次第に明らかになってきたのである。それで、ニューロン間での電気インパルスの受け渡しを促進するニューロンの変化について、そして、これがどのように学習や行動に関連しているかについて考える道が開けたのである。さらに少し後になって、二〇世紀の始まりには、ニューロン間での伝達の主要な方法が、これまで考えられてきたような電気的なものではなく、化学的なものであることが見出された。神経伝達物質である。

人間の脳に関する知識は、この世紀の展開とともに、どんどん発展した。この世紀のかなり初期には、脳への電気刺激法を用いて、運動野と感覚野と「連合」野の地図が作られた。この研究のいくつかは、神経外科医ワイルダー・ペンフィールド（Penfield & Boldrey, 1937）によって行なわれた。彼は、第一章でわれわれが触れたように、特定の皮質部位の電気刺激が鮮明な意識的経験を引き起こすことも発見した。知識の発展は、微小電極のおかげで個々のニューロンの活動の記録が可能になったときに加速した。それからさらなる加速が、機能的磁気共鳴画像法（ｆＭＲＩ）や陽電子放出断層撮影法（ＰＥＴ）などの画像法の開発とともに起きた。それらは、脳の各部位の神経活動の変化に伴って生じる血流の変化を非侵襲的に追跡できるのである。

われわれがここに書いているように、これらの画像法のおかげで、研究者の大群が急増して、彼らは、特定の心理機能や、さらには顔を認識したり、人生の過去の経験を思い出したり、言語的材料を再生したりといった極めて特殊な複雑な認知的活動でさえも、それらに特に関わる脳の部位を探している。研究を生み出すための方法論的な進歩の力を決して過小評価してはならない。ガルはｆＭＲＩとＰＥＴがあればきっと幸せで、そして彼は、ｆＭＲＩに基づく脳の全容量の推測値とＩＱテストの得点との間に相関を見出したかっただろう（e.g., Gallup, Frederick, & Pipitone, 2008）。

画像法に基づくだけではなく、古い方法の最新版にも基づいて、今や、生物学的心理学の最近の教科書のどれもが証言しているように、脳について膨大な量の知識がある。特定の心理的活動に関わる脳の領域の位置についてだけでなく、脳それ自体の中で生じている過程についても、多くのことが分かってきた。ニューロンや、それらが経験に伴って変化する方法に関する情報だけでなく、さまざまな化学物質の役割に関する情報が、特に明らかになってきた。今や、同時に活性化したり短い間に連続して活性化したりするニューロンの間のシナプスは、それらの間のインパルスの伝達を促進するように変化することが知られている。おそらくこれが、学習の基本的な過程だろう。そして、特定の化学物質が、情動的過程と心理的障害に決定的な役割を果たすことが示されてきた。このひとつの結果は、薬剤の使用の急増であり、しばしば良い結果をもたらしてきた。

幻の原因としての意識的意図

心が脳に大きく依存していることには、今やほとんどすべての人が同意するだろう。しかし、こうだからといって、それらが同じものであるということにはならないという反論がある。そうだからといって、心と脳は同一のものであるとか、心的状態は脳の状態であるとかとは、ほとんど言えないのである。まず、人の脳の状態が人がすることに影響するという考えは容易に受け入れられるかもしれないが、脳が人の随意行為を完全に支配するという主張に賛成するのはもっと難しい。結局のところ、それらの行為は究極的には選択と意図の結果ではないのだろうか。

脳としての心の擁護者たちは、自分たちが言っていることは何も選択や意図の重要性に矛盾するものではないと答えるかもしれない。これらの擁護者たちは、選択することと意図することそれ自体は単に（あるいはそれほど簡単ではないが）脳の過程として理解できることだと主張するかもしれない。このことは、われわれがこの章の冒頭で紹介した哲学者が言っていることであり（Flanagan, 2002）、それほど信じられないことでもない。事実、意識的意図によって行為を生じさせるという経験がまったくの幻でありうることを示す証拠が今や存在するのである。

神経科学者V・S・ラマチャンドランとその同僚（Ramachandran et al., 1996）が「幻肢」の患者に行なった次の実験を検討しよう。これらの患者は、腕を切断されていながら、腕がまだそこにあるように感じられるように、右と左に穴の開いた箱が作られた。その患者は自分の健康な手をひとつの穴に入れ、もう一方の穴に自分の幻の手の位置を合わせた。箱のふたを開けると、その箱には垂直の鏡があり、それでその患者は自分の正常な手だけでなく、その手が鏡に映った手を見ることになり、実際にはひとつの手とその反射像を見ているのに、その人には両方の手が見えているように見えるのである。それで、その患者が自分の健康な手を動かすと、その結果、まるで両方の手が動いているように見えるのである。

患者たちが、両方の手を左右対称に動かそうとしたり動かすふりをしたりしたとき、彼らは、自分の健康な手の鏡映像が動くのを観察して、自分で自発的にその幻の手を動かしているという経験が生じた。一人の患者はそれを初めて経験したとき、「とても驚いて、『信じられない。腕がまたくっついている。昔に戻ったみたいだ。ここ何年も、私はよく、幻の手を一日に何度も動かそうとしたけれど、うまくいかなかった。でも今、自分で自分の手を動かしているように本当に感じるんだ』と叫んだ」（p.33）。自分の手の動きを生じさせているという感覚は、その感覚が偽物だと分かっていても、確かに存在したのである。

ある行為を遂行しようとする意識的な決定が、それに関連する脳の事象が始まった後になって初めて行なわれることを強く示唆する研究もある。神経科学者ベンジャミン・リベットとその共同研究者(Libet, Gleason, Wright, & Pearl, 1983)は、実験参加者に、自分の好きなときに指や手を動かしてもらった。彼らは、動かそうと決めたちょうどその時間を、特殊な「時計」を使って正確に記録するよう指示された。それは、普通の時計の文字盤の秒針の回転よりもずいぶん速く光の点が回転している文字盤であった。その間、研究者たちは、手の動きを統制する脳の部位の活動だけでなく、実際の運動が始まる時間も記録した。関連する脳の活動は、実際の動きの二分の一秒前に始まったが、参加者が決心を記録した時間は、実際の動きのほんの五分の一秒前であった。

意識的な決定がなされた正確な時間に関する参加者の報告の正確さを評価するのが難しいので、これが、関連する脳の活動の開始が意識的決定に先行することの証拠として完全に納得のいくものとは思われないかもしれない。しかし、論評者ジルベルト・ゴメスが強調しているように、その人の現象学的には、自発的な運動が、決定の直後に時間経過が気づかれないままに生じているのだから、脳の活動が運動の二分の一秒も前に始まっているというまさにその事実が、自発的な運動がその決定の意識に先立つ脳の活動によって開始されているという主張をすでに支持しているのである。言い換えれば、意識的な決定がなされる正確な時間を測定しようとしなくてもよい。というのは、現象学的には、それは動きの開始と同時だからである。しかし、関連する脳の事象は、二分の一秒早く始まっている。そして、この業界では、二分の一秒は(紛れもなく)長い時間である。それで、意識的な決定は、実際に行為を開始させる原因となる事前の脳の活動を反映しているだけということになるだろう。ここでも再び（Wegner〔2002〕が本一冊をかけて論じているように）、行為しようという意識的な意図によって行為が生じているという経験は幻かもしれないのである。

脳は表象することができるか

心的状態は典型的には表象を伴うので、心的状態は脳の状態ではありえないと、なおも反対するかもしれない。その批判者の議論はこうである。地図が現地に対応しているのと同じように、神経生理的現象は、それ自体の外部の事柄と対応があることになる。そして実際、前述したように、身体の部位の地図となっているような脳の部位がある。しかし、地図はもともと（つまり、まさにその性質のゆえに）、それが対応するものを表していないのである（Searle, 2004）。地図について何も学んだこと

のない子どもにとっては、一枚の地図は抽象的なデザインのようなものにしか見えないだろう。ある特定の物理的な表示も、極めてさまざまなものを表すだろう。例えば、上に示した閉じた円は、とりわけ、オレンジ、デュークのバスケットボール、宝石、開いた口、指輪、Oという文字、クリスマスツリーの飾り、チェッカー・ゲームの駒、（ゾッとするが）首吊りの輪を表すことができるだろう。目的によっては、その円は、合衆国議会やローズ奨学金や緑という色を表すために使うことができるだろう。要するに、特定の物理的現象は、もともと何も表していない。議論

は続く。それらは、誰かがそれらにそう受け取らせることによって初めて何かを表すことができるのである。そして、もちろん、頭の内部に小さい人が座っていて神経生理的現象を表象だと受け取っているわけではない。脳自体は受け取ることはできないし、それでは、どうしたら神経生理的現象は表象でありうるのだろうか。

特定の物理的現象は、その性質のゆえに、何も表さないということは真実である。しかし、それらが、誰かがそれらにそうさせることによって初めて何かを表すことができるということは真実ではない。われわれは、第四章で、特定の脳の事象は、脳の外部の特定の事象の結果となり、それら外部の事象に対する反応を媒介することによって、それら外部の事象を表すことができると、すでに議論してきた。サメでは、動物が水の中で放射する電界を感知する受容器の興奮によって生じる特定の脳の事象が、追い駆けるべき餌食を表すことを思い出してほしい。また、コウモリでは、自分が発する音の反響によって生じる特定の脳の事象が、回避するべき障害を表すことを思い出してほしい。同じように、人間の脳の中の特定の事象は、例えば、オーブンから出たばかりのクッキーなど、外部の状況や対象からの感覚刺激によって引き起こされ、例えば、よだれをたらしたり、手を伸ばしたり、ほおばったりという、その対象に対する反応を媒介することができる。さまざまな種の脳は、ひとつには、さまざまな行動が可能な範囲に応じて、世界をさまざまに表象している。これは、知覚心理学者ジェームズ・J・ギブソン（1979）が「アフォーダンス」と呼んだ有名なものである。それで、脳は、結局のところ、受け取るようなことをするのである。

この考え方は、心を脳とみなす見方と心をソフトウェアとみなす見方で共通している。しかしながら、後者によれば、表象の特定の神経生理的性質はどこにもない。その見方では、必要なものは、記号を別の記号に変換する役目を果たすことができる、何らかの（誰も何だろうがかまわない）物理的な脳の事象が存在することだけである。ソフトウェアとしての心は、われわれが前の章で考えてきたように、深刻な問題を抱えた見方である。しかし、ソフトウェアの擁護者が神経生理を無視してきたことは、今まで批判されてこなかった。今から、そうしよう。

ニューラルネットワーク

おそらく、その申し立ては、比較的新しいパラダイムによって最もうまくできるだろう。それは、「コネクショニズム」「並列分散処理」「ニューラルネットワーク」とさまざまに呼ばれているが、それによれば、どのようにニューロンが相互に結合しお互いに影響しあっているかが、表象だけではなく、より全般的に認知というものを理解するための鍵になる。このパラダイムでは、脳が遂行する認知的機能の多くは、経験に応じてニューロンの間で発達する複雑な機械的関係によって直接達成されるのであり、記号の変換のような出来事は何も生じない（e.g. Bechtel & Abrahamsen, 2002; Rumelhart, McClelland, & The PDP Research Group, 1986）。

ぴったりの例として、顔認識を取り上げよう。あなたが誰かに会った後、少なくとも何度か会った後では、あなたはその次に会ったときに、その人の顔を今までその特定の角度から見たことがない場合でさえ、たいていはそれだと認識できる。認知科学者ギャリソン・コットレルとその共同研究者

（Churchland, 1995を参照）は、この能力が、どのようにして、顔への接触によって「学習」するニューロン様ユニットの間の機械的結合の複雑な配置によってもたらされるかを、そして、記号の操作や記号の使用のような仮定をするまでもなくそうなるのかを実証している。

コットレルとその共同研究者は、（後で説明するような）人工モデルを考案し、それに一一人の顔から撮った六四枚の異なる写真を、顔ではない一三枚の写真も含めて、「見せた」。そのモデルは、顔が見せられたかどうかを、そして、もしそうならどの人の顔でどの性別かを「教えられた」。そのモデルは、これらの刺激で訓練を受けると、これらすべてを区別することができるようになっただけでなく、これが決定的に重要なことだが、これらの人物の、これまで見たことのない（異なる位置や光や表情などの）新しい写真でさえも、まるで人間がそうできるように識別することができるようになったのである。

何がこのモデルの中にあるのだろうか。そのモデルは、ニューロンに類似したユニットが三つの層を構成し、その層の間に結合がある。入力ユニットと「隠れた」ユニットと出力ユニットである。入力ユニットの層は、目の網膜細胞に類似している。これらのユニットのそれぞれが、写真の点、つまりピクセルに対応し、そのピクセルの光度に応じた強度で活性化する。出力ユニットの層は、（誰が写っているかを指名する言語的行動も含めて）外に顕れる行動の筋肉を刺激するニューロンに類似している。訓練を受けた出力ユニットは、特定の個人の写真が提示されると、任意に選ばれた特定のパターンで活性化すると想定されている。例えば、ブライアンの写真のときにはいつも、「ブライアン・パターン」が活性化することになり、例えば、五つの出力ユニットそれぞれが［1 .5 0 .5 1］の活性強度である。そして、メアリーの写真のときにはいつも、それらの同じユニットで、[.5 0 1 .5 0] の「メアリー・パターン」が活性化することになる。その他の出力ユニットは、その写真が確かに顔であり、その性別を示していることを表して活性化することになっている。最後に、第三のユニット、つまり「隠れたユニット」の層もあるが、それは、入力層と出力層の間に潜んでいるという意味で隠れているのである。

　層はどのように結合しているのだろうか。入力ユニットのそれぞれは、隠れたユニットのそれぞれに結合し、入力ユニット自体の活性強度と、その隠れたユニットへのその結合強度とに応じて、それぞれの隠れたユニットを活性化させることになる。今度は、それぞれの隠れたユニットが、それぞれの出力ユニットに結合して、隠れたユニットの活性強度と、その出力ユニットへのその結合強度とに応じて、特定の出力ユニットを活性化させることになる。それで、われわれはキャビア・サンドイッチ（ここで贅沢してもよいだろう）のようなものを持っていることになる。入力ユニットのパンは、隠れたユニットの魚卵にあらゆるかたちでリンクし、今度は、それが、出力ユニットのパンにあらゆるかたちでリンクしているのである。われわれの解説道具を許してもらいたい。これには魚くさいところは本当に何もない。さて、そのモデルを動かそう。

　最初に、コットレルのチームは、ユニットの間での結合を、その強度がランダムに異なるように準備した。それは、知覚認識に関わる実際のニューロンの間でもその結合強度が、経験をしないうちはランダムに異なっているかもしれないというのとちょうど同じである。それから彼らは、そのモデルに写真を見せ、写真の上で入力ユニットのそれぞれに対応するそれぞれのピクセルの光度に応じて入力ユニット層を活性化させるようにした。これは隠れたユニットの層に結合しているので、この後者の層も次には活性化し、その次には、出力ユニットも活性化することになるだろう。

結合はランダムであったので、出力水準での活性化のパターンは、最初のうちは、特定の個人の写真に体系的には関連していないだろう。ブライアンもメアリーも他の誰も認識されないだろう。しかし、そのモデルは、何が正しい出力かを教えられると、その正しい出力に徐々に接近するようにさせる手順《アルゴリズム》を適用してそのユニット間の結合強度を少し変更するかたちで働くようになっている。

そのモデルは、一枚の写真を見て、ちょうど説明したように、そのユニット間の結合強度を修正すると、もう一枚の写真を見せられ、それで再びその結合強度を修正した。それからもう一枚の写真を見せられ再びそうし、と続いていった。

そのモデルにさまざまな写真を見せる手続きをランダムに繰り返し、どう「言う」べきかをそれに教えることによって、そのモデルの教化、あるいは、いうなればそれら結合の教化を行なったのである。前述したように、それは（それらは？）大いに学習した。何度も繰り返して見せられると、最後には、そのモデルは、自分が見ていた六四の写真を、顔かそうでないか、そして前者ならば性別と人物の特定について正しく識別できるようになった。それはまた、その人物たちの新しい（つまり、以前に見たことのない）写真もほとんど識別できるようになった。何が行なわれたかといえば、一一人の異なる人びとの顔のそれぞれが、その特徴や細部にかかわらず、それ独自の「ニューロンの」活性化のパターンを生み出すように、その結合強度を修正することである。このようにして、そのモデルは、経験に基づいて、一一人の個人の顔のそれぞれについて抽象的な表象を実質的に作り上げたのでである。

われわれは、コットレルたちが、物理的な材料でこのようなシステムを組み立てていないということに注目するかもしれない。ニューロン様のユニットとそれらの結合を、実際の蓄電器や継電器で接続したわけではない。むしろ、彼らは、デジタル・コンピュータのプログラムを考案して、それをシミュレーションしたのである。（プログラムが書けるときにどうして電線のはんだづけをするだろうか。）任意のランダムな結合強度で始めて、研究者たちが提案した変化のための手順を使用して、そのプログラムは、ユニット間の結合強度の変化を計算し、見せられた写真に対して、ちょうど説明したばかりの連続する経験のようなものに応じて生じる識別出力を計算したのである。

そのようなシステムは、デジタル・コンピュータ上でシミュレーションするのではなく、むしろ組み立てること（つまり、具体的に実現すること）が原理的にはできるだろう。しかし、それは、デジタル・コンピュータとはまったく違ったかたちで作らなければならないだろう。というのは、第四章で説明した心の見方のような、記号の変換の規則も、ソフトウェア・プログラムもないからである。ユニット間の結合があるだけであり、単純な機械的規則に従って強度が変化するだけである。脳と呼ばれる機械のように作らなければならないと、われわれは言うことになるだろう。

ニューロン様のユニットの間での結合強度を調整するためにコットレルのグループの顔認識モデルで使われた特定の手順は、現段階で考案されている多くのさまざまな可能性のうちのひとつである（e.g.,Bechtel & Abrahamsen, 2002; Churchland, 2002）。脳の中の表象が、これらのどれかひとつによって実際に達成されるかどうかは、なおも大いに疑問の余地がある。しかしながら、もはや疑問の余地がないように思われることは、こうである。「これまで考案された手順がわれわれの脳の方式に本当に一致するものかどうかにかかわらず、われわれは少なくとも、その仕事をうまくこなすことができる手続きを多少なりとも知っているのである」(Churchland, 2002, p.207)。コットレルのグループのモデルの方法のようなものでニューラルネットワークを発展させることによって、脳の中の表象が達成される可能性は極めて高いと思われる。

このことから分かるのは、さまざまな特徴から顔とその他の対象を認識することをデジタル・コンピュータにプログラムすることは難しいと広く思われているのに、われわれがそのような認識をいとも簡単に行いうるということがどういうことかということである。一方向の経路だけでなく、環状の経路(ユニット層をまたがるフィードバック)も含むように、基本的な考えを少し精緻にすれば、われわれがどのように特定の場所や行為や因果関係や社会的状況を認識しているのかも説明できるようになるかもしれない(e.g., Churchland, 1995)。そして、もし人間が、記号の変換というよりはむしろ、ニューラルネットワークのパターンの活性化を通して主な認知機能を遂行しているのであれば、このことは、われわれが前の章で議論して、心を頭の中のソフトウェアとみなす見方の手に負えないことが明らかになった現象のいくつかの説明を示唆してくれるかもしれない。

まず、われわれが目的を達するために手順や規則に意識的に従うことなく、直感的に問題の解決法に到達するようにしばしば思われるのは、それほど驚くべきことではないだろう。それらの解決法は、関連するネットワークのパターンが活性化するときに生じる認識によって、われわれが思い付くのである。それは、コットレルたちの顔認識モデルが、以前に見たことのある同じ顔の新しい表情の写真を認識するのと同じであり、それで、数学者は、ある等式群が本質的にはもうひとつの等式群と同じであることを「直感的に」認識するのかもしれない。それらが特定の抽象的な数学的性質を共有しているからだろう。同じ顔のさまざまな写真は、同じ活性化のパターンをもたらす。何か同じようなことが等式に関しても作用したのだろう。その本質は、パターンである。

もし、記号の操作ではなく、むしろパターンの活性化のほうが人間の主要な仕事であれば、形式的な推論を含む課題で、人間がデジタル・コンピュータに引けを取るのも、それほど驚くべきことではないということになるだろう。そして、それは、どうして人間が処理要請に圧倒されるのを避けることができるかも示唆しているだろう。デネットの薄幸なロボットをおぼえていないだろうか。

前の章でわれわれが議論した寓話の中のロボットにデネット（1987）が与えた問題に戻ろう。貴重な予備電池が、鍵のかかった扉の向こうの部屋の台車の上に置いてあり、その台車には時限爆弾も置いてあり、まもなく爆発するように設定されていると、ロボットが教えられたのをあなたは思い出すだろう。そのロボットは知恵を絞って、扉の鍵を開け台車を部屋から引っ張り出すという計画を考案した。モデルR１は、この計画をそのまま実行して、かわいそうな結末にいたった。それで、モデルR１D１が、その計画の派生的影響に関する意味を推論するように作られた。R１D１は、台車の車輪が何回転するかとか、部屋の壁の色が変化するかどうかとかといった関連のない意味を思案しながら座っており、そして、同じようにかわいそうな結末の道を歩んだ。それで、モデルR２D１が、関連のない意味を無視するために、関連のある意味を関連のない意味から区別するように作られた。どっちがどっちかを決めようとして時間がかかり、それもまた吹き飛ばされたのである。

まだ何の質問にも答えが出されていない明らかに予備的な素描ではあるが、もしデネットの問題が、ニューラルネットワークを持った生き物に出されていたらどうなるかに関するシナリオが考えられる。そこでは、それにあわせて、貴重とされる対象は予備電池から神経栄養素の補給の予備（大きなエコノミーサイズ）に更新されている。この生き物は、対象とのさまざまな経験の中で、他の対象の近くにあると、その対象を危険に陥れるような対象と関わってきたかもしれない。それはまた、対象を、ときには（台車がそうであるように）箱のような入れ物に入れて、あちこちに移動させる経験もしてきたかもしれない。その結果、これらの抽象的な関係を表すニューロンのパターンが作り上げられるだろう。

それで、デネットの最初の問題状況は、ある対象がもうひとつの対象に近接していることから危険にさらされているという状況を表すニューロンのパターンを直接に活性化するかもしれない。それを、（国土安全保障の警報に似た）「差し迫った危険」パターンと呼ぼう。ある入れ物の中でお互いに近くにある対象は、その入れ物が移動してもそのままであるので、その差し迫った危険パターンは、その台車を部屋から引っ張り出すことを予想しているときも活性化したままだろう。貴重な栄養素の補給が、前と同じようにその爆弾からの同じ危険にさらされているとなおも認識されるだろう。その計画がうまくいかないと結論を下すのに、これ以上の処理は必要ないだろう。

もし刺激が、記号化や記号操作などの中間的な手順を経ることなく直接に、意味のある対象や状況や関係を表すニューラルパターンを活性化できるのであれば、実際には関連のない情報をすべて処理しなければならないという重荷はなくなる。もしわれわれがニューラルネットワークを授けられた生き物であれば、われわれが利用できるすべての情報に絶えず圧倒されているわけではないということがどういうことか、これによって分かるだろう。

それで、ニューラルネットワークの観点から考えることによって、ソフトウェアの見方とは異なる方法で、表象を脳の中の物理的事象として理解する道が開けるのである。また、それによって、われわれが第四章で見たように、ソフトウェアの見方が、すべての認知処理を規則に支配された記号の操作で説明しようとしたときに直面した深刻な問題を避ける道が開けるのである。表象はニューロンの活性化のパターンとして理解でき、それらをそのような神経生理的現象として理解することによって、そうでなければ理解が難しい多くのことの説明を実際に進展することができるのである。

意識的経験

最後に、おそらくほとんどの人びとにとって、心は脳であるという主張への最も強い反論になることに転じよう。意識的経験である。トスカーナの晴れた一〇月の空の強烈な青、ブラームスのラプソディの演奏から湧き起こる情熱、親友が深刻な病気から快復したのを聞いたときの喜び、心についてあまりにも長く考え続けた後の頭痛などのようなものは、ポパイの常套句《じょうとうく》をもじって言えば、単にそれらがそうであるものである。そのような意識的経験は、われわれが第一章で述べたように、「湿った塊の神経物質の中の電気化学的過程」とは完全に異なる独特のものに思われる。

さて、脳としての心に対する強硬な反対者たちでさえ、人が刺激を意識しているときと意識していないときで、脳の中に特定の違いがあるという強い証拠が得られていることを、今や認めなければならない。例えば、この種の印象的な実験のいくつかは、視野闘争の現象を利用してきた。

もし異なるイメージが右目と左目に投影されると、意識的な知覚は、典型的には、一方の目と他方の目に見せられたイメージの間で交互に変わるだろう。このように、もし左目に顔の写真が提示され、右目に家の写真が提示されると、典型的には、顔か家のどちらかが数秒見え、それからもう一方が、それから最初のものが再び、と続くだろう。それで、意識的経験は、刺激に何も変化がないのに、変化することになる――見事な自然の統制である。この状況の被験者が意識的に顔と家のどちらを知覚しているかを示している間に彼らの神経活動をｆＭＲＩで測定する実験からは、ある特定の部位の神経活動が顔の意識的な知覚と、別の部位が家の意識的知覚と強く相関していることが分かった（Kanwisher, 2001）。ある特定の刺激の意識は、ここでは、独特の部位の脳の活動と結び付いているのである。

しかしながら、（カンウィッシャーを含む）ほとんどの神経科学者たちが同意しているように、特定の部位の脳の活動だけでは、おそらく、意識的経験にとって十分とはいえないだろう。われわれは何かを意識しているとき、われわれは非自動的に、それについて報告したり、考えたり、それに関するわれわれの知識を利用したりすることができる。これらすべては、何かを意識しているということが、特定の部位の特定の神経活動以上のものを含んでいることを示唆している。さまざまな神経生理学的理論が、この解明のために提案されている。もしかしたら、ある種の中枢の統合的作業領域があるのだろう（Baars, 2002）。もしかしたら、さまざまな神経インパルス群の同期性が関わっているのだろう（Crick & Koch, 2003）。もしかしたら、自分自身の身体を表す部位とのコミュニケーションが必要だろう（Damasio, 1994）。ここでの可能性は、現在、活発な研究領域になっている（優れた総覧は、学術誌『認知』〔*Cognition*〕でスタニスラス・デハーネが編集した特集号「意識の認知神経科学」の論文〔2001〕を参照）。

しかし、この注意深い科学のすべてに対して、その強硬な反対者は不遜にも応えるかもしれない。私は感心しないと。私は、人が特定の経験をしているときに、ある脳の状態が生じていることを認める覚悟はある。それらの脳の状態は、脳の部位間のコミュニケーションやさらには相互作用までも含んだ、とても複雑なものでさえあるかもしれない。それで何だというのだろうか。私が顔を見るとき、ある神経活動が存在していて、それがどんなに複雑でも、その活動それ自体が、顔に関する私の経験になるわけではない。あなたが望むありとあらゆるものを付け加えても、それはなおも、私の経験に対応する神経的な相関物にすぎず、その経験そのものではない。そして、私が、見たり聞いたり味わったり幸せや恐れを感じたり、それが何であろうとも、意識的経験をしているとき神経生理的に進行していることについて知られることになる他のすべてのものについても、この同じことが当てはまるのである。脳の状態は経験と同じものではない。

その反対者は続けるだろう。どうしたら意識的経験は脳の状態と同じになりうるのだろうか。経験は、どんな脳の状態も持っていない固有の性質を持っている。緑がかった色やバラの香りに伴う脳の状態はない。そして、硬いテーブルについて話すことが、分子に関するより高い水準で話すこととみなすことができるようには、経験について話すことは、脳の構成要素の記述に関するより高い水準で話すこととみなすことはできない。テーブルが、決まった位置で振動する分子で構成されているようには、経験は、活性化したニューロンで構成されているわけではない。テーブルの硬さが、その分子が、水の分子と異なって、お互いの前を横切ることができないという事実によって説明できるようには、緑の色やバラの香りのような経験の性質は、脳の特徴によっては説明できない。しかしそれでも、第一章で述べたように、経験された性質が強烈であれば強烈であるほど、ある神経生理的過程がより強く関わっていて、そして、経験された性質がお互いに似ていれば似ているほど、その脳の過程もより似ているということは真実であろう。しかし、より強烈であったりあまり強烈でなかったりしたり、お互いにより似ていたりあまり似ていなかったりしたりする性質それ自体は、脳の中で進行していることによっては説明できないのである。この問題は、第一章の終わりに、悔い改めることのない二元論者たちによってなおも展開された中核的な反対として残っていたが、二元論者になってそれに悩まされる必要はない。

その問題は解消した

答えは提案できる。脳としての心の擁護者は、ここで、ウィトゲンシュタインとライルに、またスキナーにも由来する考えを利用するだろう。すなわち、意識的経験というものがあるのではなく、単に人びとが意識的経験を持っているだけである——人が高い血圧を持っているとか、がんを持っているとか、エイズを持っているとかという意味で持っているのであり、目覚まし時計を持っているとか、大叔母を持っているとか、アレチネズミを持っているとかという意味ではない。人びとが意識的経験を持っていると話すからといって、それらが何か他の（心的）実体に関係を持っていると話しているのではなく、それらがある特定の状態や条件にあると話しているのである。

もしこの考えが正しく、意識的経験がまったくないとすれば、要するに、意識的経験の性質もまったくないことになる。そうならば、要するに、主観的なものは、主観的な現象も主観的な性質も、何もないということになる。われわれ自身がそこにいる客観的世界だけがあるのである。すなわち、われわれの頭の内部の身体部分も含んで、われわれの身体だけがあるのである。そして、われわれの頭の内部の部分のいくつかは、われわれの頭の外部の世界のいくつかを（この章で詳述した表象という意味で）表すのである。

イライラした《ハリード》猫飼いのハリーが、例えば、一匹のオレンジ色の猫を探しているとき、主観的な猫や主観的なオレンジ色はない。一匹の現実の猫がいるだけで、それはハリーの目に対して特定の波長の光を反射し、彼の目から彼の脳へ伝達されるインパルスによって脳の過程が生じ、一匹のオレンジ色の猫を表すことになる。その猫は、色素沈着も含んで、ある波長の光は吸収し他は反射するが、客観的な世界の一部である。それは、何らかの主観的世界の中に存在しているのではなく、一匹の飼いにくい客観的な猫にすぎない。

その反対者は、これを見掛けによらず簡単と思うかもしれない。結局のところ、ハリーは、一匹の猫を想像することができる。彼は、彼の物理的な目の前に猫がいなくても「彼の心の目の中で」一匹の猫を見ることができるのである。このことは、一匹の主観的な猫がどこかに現れているということにはならないのだろうか。必ずしもそうならないと、答えは続くだろう。ハリーが、そこにいない一匹の猫を見ているとき、彼は、見るということが何か見られるものを指し示しているという意味で、何かを見ているわけではない。彼には、自分がその意味で何かを見ていると思われるにすぎない。このように思われるのは、実際にハリーの前をコソコソしている一匹の猫によってもたらされるのと同じ「猫を表す」脳の過程の一部が、その猫がいないのにもかかわらず、生じているからである。

ライル（1949）が、子どものときの子ども部屋を想像している人について、その人は自分の子ども部屋に似たものを見ているのではなく、自分の子ども部屋を見ている自分自身に似ていると言ったのを思い出してほしい。脳としての心の擁護者は、どのようにして、その人が自分の子ども部屋を見ている自分自身に似ていることになるのかを、われわれに説明できる立場にある。その人の脳の中で、彼が実際に自分の子ども部屋にいたときと多少なりとも同じ過程を、今現在、生じさせることによって、そうなることが明らかになる。今や、神経画像研究によって、想像の神経過程が、知覚の神経過程と実際に共通点を持っているという証拠が見出されている（Kosslyn, Ganis, & Thompson, 2001）。例えば、ある対象を思い浮かべるときには、知覚するときと同じように、一次視覚野が活性化することが見出されている。

それが想像と似ているように、誤知覚に関してもそれは似ている。何も主観的なものは含まれていない。ハリーが、遠くの猫だと受け取ったものは、小さな犬だと判明するかもしれないが、そこからの刺激が、通常は猫を見ることからハリーにもたらされる脳の過程を生み出したのである。その時点では、主観的な猫はおらず、客観的な犬だけがいて、もっとよく見ると、それは違う脳の過程を生み出すもとになる。それで、ハリーの仕事は飼いやすい犬ではなく飼いにくい猫を飼うことなので、ハリーはもう悩まないですむのである。

対象とその性質だけでなく、感情や情動もまた、この見方ではすべて客観的であり、主観的ではない。確かに、人びとや他の生き物が感情を持っていなければ、感情はないだろう。しかし、特定の感情を持つことは、繰り返して言うと、ある特定の状態や条件にあるということであり、何か他のものとの関係にあるということではない。それは、脳の中で生じる特定の（おそらく少なくとも部分的には神経化学的な）過程を持っているということであり、ある主観的な実体と関係を持っているということではない。例えば、恐れの経験でも、脳は、その危険自体を表象するのみならず、それに対する内臓の反応も表象している。すべてが脳の事象であり、すべてが物理的事象である。

もちろん、われわれがここで提案して検討してきた答えは、まったく直感に反するものである。それは、人の現象学には一致しない。意識的な経験をすることが、ある特定の過程が脳の中で進行しているようなことだとは、とうてい思われない。しかし、心に（心に？）留めてほしい。意識的な経験をすることは、ある特定の過程が脳の中で進行しているようなことだと、かりにそれが事の真相だったとしても、そう思われるべきだという理由はないのである。心を脳とみなす見方によれば、意識的な経験をするということは、脳の中でその経験がそうである何かを意識していると言っているのではなく、脳の中の何かによって脳の外部の世界（自分の身体も含まれる）の中に実際にあったり、ありそうであったりする何かを意識していると言っているのである。すなわち、人は、脳がすることによって、脳ではなく世界を経験しているのである。われわれはみんな、まったく同じように世界を経験するわけではないが、そうだからといって、われわれが、(客観的な)世界以外の何かを経験しているということにはならない。われわれの直感という「主観的な世界」は、ふしだらな(そして誤解を生む)比喩なのである。

それで、自発的行為と表象のときにわれわれが見出したのとちょうど同じように、意識的経験もまた、心を脳とみなす見方に反対する説得力のある議論になることはない。それでは、心は脳である、心的状態は脳の物理的状態であるというのは真実だろうか。さて、なおもうひとつ検討しなければならない議論がある。

脳の記述は心的な言葉に取って代わりうるか

われわれの意見では、心的状態は、物理的な性質を持つ脳の状態によって、実際に人びとがそうなっている状態である。しかし、ほとんどとはいわないまでも多くの心的状態は、脳の外部の何かを指し示すことなしには、明確には特定できない。例えば、庭について考えることや本を書きたいと望むことは、その考えや望みを持っている人の脳の内部で進行している特定のことと物理的な点で同じだと確認することはできない。脳の内部で何かが進行しているのはよいとして、人びとが庭について考えたり本を書きたいと望んだりしているときに、そしてそのときにだけ生じているもので、物理的に特定できるものは何もない。

さまざまな人間によって所有されている脳は、その構造的な細部が異なっている。庭について考えている人びとの脳の物理的状態を、庭について考えていない人びとの脳の物理的状態から体系的に区別するための何らかの方法が見出されるだろうと期待するわけにはいかない。神経の細部は、ある個人の内部でも時間によってさえ変化している。ニューロンは成長し、枝を伸ばし、死に、そしてこれらのことを行き当たりばったりで行なっている（e. g., Churchland, 2002, p.330）。もしかしたら、特定の個人が特定の対象や状況について、あるいは特定の種類の対象や状況について、特定の時間の間に考えているときに、いつもその個人の脳の中で生じている特定の事象を物理的な用語で記述することができるようになるかもしれない。しかし、脳によって無数の違いが存在することを考えれば、他の個人がそれらの対象や状況について考えているときに、その脳の中で生じている特定の事象を、同じようには記述できないだろう。このように、特定の対象や状況の表象は、個人をまたがって脳の内部の特定の物理的事象と同一であるとみなすことはできない。それらの事象は、それらが表す詳細に関する表象とみなすことができるだけである。思考の対象がたまたま脳それ自体であるときを除けば、表象は、脳の外部の何かを指し示すことによってだけ、個人をまたがって特定できるのであり、脳の内部の何かを指し示すことによってはできないのである。

それで、人びとが特定の心的状態にあるのは、彼らの脳の特定の物理的状態によっているけれども、それらの物理的な脳の状態を記述しても、心的な言葉が伝えることができることすべてを伝えることができるわけではない。そして、物理的な脳の記述だけに自らを限れば、それは、例えば、人びとが庭について考えているとか、本を書きたいと望んでいるとか、蛇の魔法の力を信じているとかといったことを伝えることができないということを言っていることになるだけではない。そうできないことを考えれば、それはまた、庭について考えているのならばバラについても考えていそうだとか、本を書きたいと望んでいるのならば安らぎを求めていそうだとか、蛇の魔法の力を信じているのならば蛇恐怖症になりそうだとかといった一般化を表現することも不可能にしてしまうことになる。かりにわれわれが、物理的な脳の記述だけに限るとすれば、恐怖症などの心理的問題を抱えている人びとの助けをしようとすることはいうまでもないが、相互理解が、不可能ではないにしても、途方もなく難しくなるのは明らかだろう。

物理的な脳の記述は、心的用語での記述が達成できることを達成できない。もし、心を脳とみなす見方が、心的な記述は原理的には物理的な記述に取って代わられうると言っていると受け取られているとすれば、それは支持できない。そういう意味では、心は脳ではありえないのである——このことに、安堵する人もいるかもしれない。

簡潔に言うと

脳としての心は、心的過程はすべて神経生理的であると主張している。すなわち、行動の内面的ではあるが、私的ではない原因である。意識的経験とその性質は主観的な何かである必要はないので、これらはこの主張を負かしていない。人びとは、脳が特定の物理的性質を持つ状態にあることによって、意識的経験を「持っている」。もしかしたら、心的過程はすべて神経生理的であるが、そうだからといって、脳の状態に関する物理的な記述が、心的な言葉の使用に取って代わりうると言っているわけではない。ニューロンの多様性を考えれば、物理的な脳の記述は、人びとが、例えば特定の思考や欲求や恐怖を持っているとみなされているときに生じていることを特定するには十分ではないだろう。

第六章　科学的構成概念としての心

この章で扱う見方の擁護者たちは、行動としての心の擁護者たちのように（そして、他のほとんどの見方にもいるのだが）、心理学を科学に発展させることに関心を寄せている。しかし、行動としての心の擁護者たちは、心理学が科学になるためには、心的概念は科学用語集から消えなければならないと信じている。これとは対照的に、科学的構成概念としての心の支持者たちは言う。行動を説明するためには、認知、動機、信念、情動、態度などの心的概念が必要であり、常識はこの点では間違っていないと。科学的構成概念としての心の擁護者たちは、認知や動機などを理論的構成概念として取り扱うことができると考えている。そうして、心的状態が行動を決めるさいに果たす役割を、科学的な方法で研究できるのである。

少しの歴史がここで役に立つだろう。一九世紀の後半、心理の科学を発展させる試みが最初に始まったとき、意識的経験は、そのような科学が、それに関する科学になるだろうと受け取られていたものであった。しかしながら、この考えには問題があった。

ひとつの有力な問題、すなわち、まったく意識的でない心的過程がある可能性は、心理の科学を発展させることに関心を抱いていた人びとには、その当初は実際にはそれほど影響を与えなかった。心的なものを本質的に意識的経験によって定義した人びとにとっては、無意識的な心的過程という考えは、自己矛盾であった。無意識的なものは、観察できないものなのに、どうしたら科学に適したテーマになりうるかという疑問もあった。哲学者で心理学者のウィリアム・ジェームズ（1890）は、特徴的な力強さで述べている。無意識の心を仮定することは、「心理学で自分が好きなものを信じるための、そして、科学になるかもしれないものを奇想天外が飛び跳ねる場所にするための最高の手段である」(p.163) と。それに続く数年間、無意識の心は、精神分析として知られる森の非科学的な場所で根を張り成長することになったが、歴史のこの時点では、科学的心理学はそれを心配する必要はなかった。

心理学を意識的経験の科学とみなす考え方にとってもっと厄介な問題は、その経験の内容について確実な知識を手に入れるための明確な方法がないことであった。ある人の経験は、かりにもそれが観察できるものと言われることが本当にあるとすれば、その人自身によってだけ観察できるものである。もし人びとが、自分たちが経験したものについて一致するのであれば、問題はなかっただろうが、そうはならなかったのである。意識の内容は、二〇世紀の始まりの頃、さまざまな心理学研究室でそれぞれの人によって記述されたが、結局は、ばらばらであることが分かった。ある研究室の実験参加者は、自分の経験がイメージのない思考に富んでいると思っていたが (Mayer & Orth, 1964)、別の研究室では、それは、むき出しの感覚だけでできていた (Titchener, 1980)。「本物の」意識的経験さん、どうぞ立ってください (これは、クライアントが自分のセラピストの理論に合わせて夢の内容を夢に見るようなことではない)。

さらに、二〇世紀の初期までには、多くの心理学者たちが、記憶や学習や知能などのテーマを研究し始め、意識や心性は善意の無視をされたり (徐々に) 悪意の無視をされたりした。例えば、意識に関心を持つことなく、感覚運動技能がどのくらいすばやくスムーズに遂行されるかを研究することができた。無意味綴りのリストがどのくらいうまく学習されるかは、いくつ正しく再生できるかを数えるだけで測定することができた。明らかに、面白い心理学をするのに、意識を持ち出す必要はなかったのである。それどころか、人びとに自分の経験を報告させるのとは異なる方法で発見できることのほうが、内観から拾い集めることができるものよりも、その分野のほとんどにとってはるかに有益であることが分かったのである。

心理学者エドワード・チェイス・トールマン（1968）は、すぐに後で述べるように（われわれの知る限り）、心的概念を、意識的（あるいは無意識的）経験を指し示すものとみなすのではなく、有望な科学的な概念とみなす見方を提唱した最初の心理学者であったが、彼の回想は、このように移り変わる見方に関するよい実例となっている。彼が一九一一年にハーバード大学の大学院に入学したとき、講義で学生たちは、心理学の主題は経験でありその方法は内観であると、なおも聴かされていた。しかしながら、進行していた研究のほとんどは、クロノメーターのような道具を使った客観的な測定を含んでいた。彼や仲間の大学院生たちは、彼らの研究の参加者に内観を求めるよう期待され、彼らはそれを言われた通り記録した。「しかし」と、トールマンは報告している。最後の論文を書き上げるときには、「私のおぼえている限り、われわれの誰一人としてそれを十分に利用できたものはいなかった」（p.326）。

おそらく最も重要なことだが、そもそも経験は科学に適したテーマかどうかについて最初から疑問が出ていた。経験は、実際に何かをすることなのだろうか。心と身体の二元論に陥ることなく、どのようにしたら経験は行動の原因として受け入れることができるのだろうか。意識的経験がそれを持っている人にだけ利用できるのであれば、どのようにしたらそれについて科学的でありえるのだろうか。動物の意識的経験は、もし本当に持っているとすれば、どのようにしたら調べることができるのだろうか。意識的経験という用語は明確な意味を持ってさえいるのだろうか。意識的経験は本当に存在するのだろうか。

多くの心理学者たちは、心理学を、意識や心性すべてへの言及を避けるような、厳密に客観的な科学として発展させようと決意した。第三章で説明したアプローチを追究した人たちは、行動を彼らの主題にして、環境に対する生得的反応や条件反応という観点から行動を説明しようとした。これらの行動主義的アプローチは、一九二〇年代か一九三〇年代からおよそ一九六〇年代まで心理学の中で全盛期を迎えたが、われわれが議論したように、それは、ある種類の行動を扱おうとしたときに深刻な問題に突き当たった。問題となったその種類は、条件反応や無条件反応を持ち出すよりもむしろ、行動する生体が情報と証拠を利用することを仮定するほうがはるかに解釈しやすいと思われた。実に、前述した心理学者エドワード・トールマンは、動物の行動の多くでさえ、条件づけを通しては理解できないと主張したのである。

操作的に定義できる理論的構成概念

トールマンは、自分のことを行動主義者だとも考えていたが、条件づけに焦点を当てる人たちとは異なる道を歩んだ。彼は、心理学は客観的であらねばならないという点では彼らと同じ考えであった。彼は言った。「経験は、それが通りの人や哲学者や詩人に」関連しているという意味では、「それ自体は心理学の法則や等式の一部にはならない――とにかく心理学が科学とみなされる限りは」(1958a, p.95)。しかしながら、彼は、科学的心理学から経験を追い出すということは、目的や認知のような概念をなくさなければならないことを意味しているという点では、彼らとは同じ考えではなかった。彼は、それらの概念を、意識的経験を指し示しているものとは受け取らないで、客観的な前件と結果によって操作的に定義できる理論的構成概念として受け取るべきだと言っているのにすぎない。前件の側では、それらの概念を、環境刺激や生理的条件や過去の訓練などの客観的な独立変数によって定義するべきである。結果の側では、それらを、行動という客観的な従属変数によって定義するべきである（Tolman, 1958b）。

トールマンにとって、行動は、一群の独立変数の布置の何らかの関数であるが、その関数はひとつの簡単な言明ではにわかに理解できないほど複雑なものである。その関数は、独立変数を、論理的に構成された媒介変数に結び付け、それから媒介変数をお互いに、そして、最後には、行動という従属変数に結び付ける成分関数に分割することによってだけ扱うことができる。心や心的なものについて話すことは、とりもなおさず、それらの媒介変数について話すことである。トールマンは言った。それらが、「私の操作的行動主義が心的過程にいたる道で見出すすべてである」（1958b, p.118）。

トールマンの定式化は、比較的独立にそれを達成したように見えるが（Smith, 1986）、論理実証主義として知られている哲学者グループのそれと関連している。これらの哲学者たちの中には、トールマンと同じように、心理的概念を行動という観点から分析しようとした人たちもいたが、彼らは、トールマンとは違って、肘掛け椅子にとどまり思索に耽るだけであった。論理実証主義者たちにとって、言明が意味を持つのは、それらが観察によって実証できる限りにおいてだけであった。もし、ある概念が、何か直接観察できるものそれ自体を指し示しているのでなければ、それが妥当であるためには、それは、その意味が観察できるものによって決まるような論理的構成概念でなければならなかった。つまり、それは観察できるものの代わりをするものでなければならなかった。

プロトンやクォークや電界など、科学における理論的概念は一般的に、二〇世紀の中頃に、観察に基づく、ある種の構築物として受け入れられるようになった。その構築物は、純粋に論理的な道具ではなかったかもしれないし、観察結果によって厳密に定義できなかったかもしれない。しかし、用語が科学的に純粋であるためには、それらの使用は、観察に基づいた意味を持たなければならないだろう。それらは、あるいは、少なくとも、それらが明確に関連づけられたいくつかの用語は、「操作的定義」を与えられなければならないだろう。それらは、特定の文脈の中で、それらの適切さを示すような操作や観察結果に関する言明である。

磁石は、例えば、適切な状況のもとでは、鉄くずがそれに向かっていく対象として操作的に定義できるだろう。電流の強度は、適切な状況のもとでは、電流計の針の振れとして操作的に定義できるだろう、などなどである。

今やほとんどの心理学者は、直接観察できるものを超えた何らかの理論的概念を使用しており、それらの概念を操作的に定義している。これは、第三章で議論したような、行動の直接観察できる原因にだけ焦点を当てるというスキナー学派の原理とは対照的である。この他の点ではスキナーに極めて共感的な現代の心理学者ジョン・スタッドン（2001）は、観察されない内面的状態を仮定することなしには、行動は実際には理解できないことを説得的に論じている。刺激は、反応を生み出すだけでなく、将来の刺激によって生み出されることになる反応の調整もしている。これを説明するための唯一の方法は、前の刺激が変えてしまう内面的状態の存在を仮定することである。

スタッドンは、これらの仮定された状態の変化について、生理的であろうが心的であろうが何であろうが、それらの状態の性質が何であるかは仮定しないで、最も単純で有力なモデルを作るよう力説している。しかし、多くの心理学者、特に社会心理学者たちは、動機や信念や予期などの概念をあきらめたくないと思っている。彼らは、それらの概念が、世界の中で人間が、そして、おそらくは他の動物がする多くのことの唯一の説明を提供するとみなしているのである。これらは心的な概念である。しかし、これらの概念を、意識的経験を指し示すものとしてではなく、操作的に定義できる理論的構成概念として構成することができそうに思われるようになったという、まさにその理由も少しはあって、これらの心理学者たちは、心的な用語で行動を説明する純粋な心理科学を打ち立てることができると考えていたのである。われわれは、おそらく物理科学ほどには正確でも厳密でもないが、しかしなおも科学である心性主義的科学を持つことになるだろう。これらの心理学者たちが、この章で検討する見方の擁護者である。

本当に科学的な概念か

この時点で、質問ができるだろう。認知や予期などを、本当に科学的な概念として扱うことができるのかどうか尋ねたいだろう。それらは、磁石が操作的に定義されるのと同じように本当に操作的に定義することができるのだろうか。われわれが、誰かが何を信じているのか、あるいは誰かの希望や態度が何かを判断するとき、われわれは、物理学をするのとはまったく異なる何かをしていないのだろうか。われわれは、その代わりに、想像や直観によって、その人の行動を解釈したりその「意味を理解し」たりしようとしているのではないだろうか（Taylor, 1971）。

さて、科学的構成概念としての心の擁護者たちは、他の人の行動からその人の信念や希望を推測するのは難しいし、曖昧だらけだと認めるだろう。しかし、物理的対象の運動を引き起こす物理的状態を推測するのもまた、難しいことが多い。まさにどのような構造的欠陥のために橋が落ちたり屋根が抜けたりしたのかは、いつも明らかであるとは限らない。例えば、どのような構造的欠陥が、一九三〇年代に建築された多くの吊り橋にみられる予想外の動きを生み出したかに関する曖昧さを取り上げよう。「技師たちは、ケーブルでその設計に新たな改善を加えたが、補助ケーブルが塔の下から主ケーブルに張られるべきか、それとも、塔の上から橋桁に張られるべきかに関する一致すらなかった」(Petroski, 2004, p.502)。それから、一九四〇年に、そのような動きで、タコマナローズ橋が崩落したのである。実に曖昧である。

操作的定義を達成する可能性は、すべての曖昧さを取り除くことができるかどうかによっているのではなく、問題となっている状態や事象の存在を曖昧さなしというわけではなく、原理的に示すような観察結果を言い表すことができるかどうかによっているのである。そして、これは物理的状態と同じように、心的状態でもできるのである。おそらく後者の場合には、それほど確信を持ってというわけにはいかないにしても。特定の観察結果に基づいて、ある人が特定の心的状態にあったり、特定の心的状態が生じていたりすることに確信を持つことはできないが、このことは、物理的な状態や事象でも同じように当てはまる（Carnap, 1956）。観察道具が正常に働かないことがあるし、まだ気づかれていない要因が測定の邪魔をするかもしれない。その真空ポンプは本当にちゃんと働いていたのだろうか。

例えとして、ここで、心的状態の操作的定義の例をいくつか説明しよう。例えば、内発的興味が報酬によってどのような影響を受けるかを、あなたが研究したいとしよう（e.g., Eisenberger & Cameron, 1996; Lepper, Greene, & Nisbett, 1973）。内発的興味は、あなたが人びとになぜそうしているのかを尋ねたときに彼らがあなたにどう話すかによって、あるいは、実験参加者がある活動を勝手にすることができたりできなかったりするときに自ら進んでそれに費やす時間によって操作的に定義できる。例えば、ある緊急事態で自分の他に目撃者がいると思っていたり、いないと思っていたりすることによって、どのように援助の提供が異なるかを、あなたが研究したいとしよう（e.g., Latané & Darley, 1970; Piliavin, Rodin, & Piliavin, 1969）。あなたは、明らかに目撃者がいたり、いなかったりする偽の緊急事態を演出することができる。その確認のために、その状況が実験の仕掛けであることを明かしたときに驚きのしるしが生じるかどうかを、あなたは確かめることができる。そうすれば、参加者がそう信じるはずだと想定されていたことを実際に信じていたと分かるだろう。例えば、特定の課題の能力に対する自信がそれらを達成しようと努力する程度にどのような影響を及ぼすかを、あなたが研究したいとしよう（e.g., Bandura, 1997）。人びとに、その関連課題に対する自分の能力を評定するよう求めることができたり、彼らがその関連課題をどのくらいうまくやり遂げたかについて（正しい、あるいは偽の）情報を与えることができたりするだろう。

指標は、その妥当性がさまざまであり、どの指標も完全に決定的なものではないだろうが、操作的定義は、心的なものを科学的概念にすることが*できる*のである。ある特定の心的状態と一致するさまざまな指標が多ければ多いほど、そして、それらの指標が他の可能性と合致しなければしないほど、ある心的状態が目的通りのものであると確信できるのである。いずれにしても、そのことがわれわれが下す結論ではあるが、この結論に関する過激な異議申し立てについては、われわれにとってはあまりに過激と思われるが、第七章を参照してほしい。

われわれの意見では、実証的研究が心的な状態や事象について可能であるという点で、科学的構成概念としての心の擁護者たちは正しい。心的な状態や事象の効果に関する興味深い有益な情報をこの方法で得ることができるという点で、彼らは正しい。広く知られた例は、誰かを権威と信じることの効果に関する心理学者スタンレー・ミルグラムによる一連の実験である（1974：関連する倫理的問題に関する批判はBlass, 2004を参照）。この研究は、第二次世界大戦の前や間にナチスが計画し実行した大量殺人という恐ろしい行為によって刺激を受けている。ミルグラムは、もし残虐で乱暴な行為をするよう命じる指令が、自分が権威だとみなしている誰かから発されると、普通の人びとがどのようにしてそれに盲目的に従ってしまうかを明らかにしたいと思った。

ミルグラム（1974）の研究の参加者は、罰が学習に与える影響に関する科学的研究に自分が参加していると信じさせられていた。実験者は彼らに、彼らの課題は、隣の部屋にいるもう一人の参加者（実際には実験者の協力者）が間違った答えをするたびに電気ショックを与えることだと話した。間違った答えをするたびに、ショックの強度が上げられていった。その強度が上げられるにつれて、参加者が聞くことになったのは、その学習者だと思っている人が徐々に痛みや、心臓に心配があることについて不平を言い、そのうち、徐々に苦痛に満ちて、出してくれと叫ぶことであった。参加者がショックを与え続けるのをためらうと、実験者は続けるよう要求した。驚くべき発見は、参加者の大多数（男性と女性の両方について、最初の研究では六五パーセント）が、そのセッションの最後――最大の強度――までショックを与え続けたことである。

これらの発見の後では、誰かを権威とみなすことの影響がどんなに強力なものでありうるかについて、誰がなおも疑うことができるだろうか。それは、有益な結果を得た重要な研究であった。ミルグラムが行なった実験に関する知識は、おそらく大衆の意識を有益な方向に高めてきただろう。人びとは、権威とみなす人の命令に盲目的に従う危険に対して敏感になってきた。人びとは、自分の力で考えるよう励まされてきた。その研究から数十年になるが、ミルグラムの発見に対する関心は、依然として衰えていない（Anderson, 2009）。

信念が行動に及ぼす効果に関する有益な実験のもうひとつの例は、自分の仲間の大学生が摂取するアルコールに関する大学生の信念に関わっている。多くのキャンパスで、過度の飲酒は悪評高い問題であり、デボラ・A・プレンティスとデール・T・ミラー（1996）は、信念を変えることによってこの傾向をうまく弱めることができるアプローチを思い付いた。

プリンストン大学の学生たちは、彼らの仲間が典型的には実際よりもかなり過剰な飲酒を行なっていると信じていると分かった。プレンティスとミラー（1996）は、この思い違いが学生自身の飲酒傾向を悪化させていると考えて、仲間の飲酒行動についてもっと正確な実態を分からせるように計画した話し合いを設定した。そのアプローチは効果があった。これらの話し合いは、プリンストン大学の学生の飲酒量にかなりの低下を実際にもたらしたのである。他のキャンパスでの同じような話し合いも同じような結果を生み出している（Perkins, 2003)。

法則的原理か

それで、心的状態の効果について実験をすることができ、そして、そのような実験から有益な情報を得ることができることになる。しかし、科学の役割は、「問題となっている科学が関わる実証的な事象や対象の動きを網羅する一般的な法則を確立し」、それによって「まだ知られていない事象の確実な予測を」可能にすることだと広く受け取られている（Braithwaite, 1960, p.1)。ほとんどの心理学者は、社会心理学者E・トリー・ヒギンズとアリー・W・クルグランスキー（1996）が権威あるハンドブックの冒頭で書いたことに同意するだろう。「ある領域の現象を支配する法則的原理の発見が科学的研究の基本的な目的である」（p.vii)。

科学は、心的な状態や事象の効果について法則的原理を発見したり確立したりできるのだろうか。そのような原理は確かに存在するのだろうか。さて、行動が認知や動機や態度や信念などに言及することによって説明できることが多いように思われるというまさにその事実が、そうであることを示唆している。ある人が毎日散歩することは、例えば、毎日の健康散歩が血圧を下げるというその人の信念によって説明されるかもしれない。ある優秀な学生が、修了間近の医学校を辞めることは、自分は作家になりたいというその学生の実感と、医者と作家には同時になることができないだろうというその学生の信念とによって説明されるかもしれない。そうでなければ、とりわけアントン・チェーホフのような医者兼作家の文学上の業績が示唆していることは、その信念がそれでも行動の決定因になるということである。ただし、それが確かに示唆しているのは、信念に変化をもたらし、それによって行動を変化させるための方法なのだが。なんとプレンティスとミラーが救ってくれた。

一方、心的な状態や事象による行動の決定に関する法則の問題はさておき、多くの検討事項が、心的な何かであろうと他の何であろうとそもそも行動の決定に関する法則的原理などないことを示唆していると受け取られることがある。それらの議論が拠って立ってきたのは、自由意志であり、特にさまざまな文化やさまざまな時代で人びとの間で行動に大きな違いがあることであり、行動の規則性が科学それ自体の結果によって変化しうるという事実であり、また、行動を決定する要因の複雑さである。最初に自由意志を取り上げよう。

自由意志は、行動がまったく法則的ではないこと（紛れもない違法？）を示唆しているだろう。しかしながら、われわれが第一章で注目したように、自由意志の存在を証明することは困難である。自由意志を持っているように思われるのは、自分自身が選択を行なっていると感じているからである。しかし、たとえ他のすべてが同じままであったとしても、違った選択ができただろうという感覚は、実際にはまったくの幻想かもしれない。その感覚は、自分の選択を決定するさいに関わっているすべての要因を意識できないことから生じているのかもしれない。

しかし、他にも取り組まなければならない議論がある。特にさまざまな文化や時代で人びとの間で行動が大きく異なっていることは、一見して確かに、一般的な心理的原理にとって深刻な障害となっているように思われる。心理学者ケネス・ガーゲン（1973）は、「社会心理学はそもそも歴史的探究である。自然科学とは異なり、それは、おおよそ繰り返すことができず、時とともに著しく変動する事実を扱う」（p.319）という有名な主張を行なっている。ミルグラム（1974）の実験で参加者たちが他の個人に極端な苦痛と被害を受けさせるのを厭わなかった程度は、それらの実験の時と場所での権威に対する態度によって決まっていたのかもしれない。ある時代の特定の行動を予測するものは、別の時代のこの行動を予測するものとはまったく異なっているかもしれない。もうひとつの例として、ガーゲンは、ベトナム紛争の初期のアメリカの政治的活動を予測するものは、その後のそのような活動を予測するものとははっきりと異なっていたことに注目している。

しかし、政治的活動や権威への服従のような行動の決定因が文化や歴史に固有であるからといって、一般的な原理や法則もあるという可能性は排除されないだろう。これらは、もっと抽象的な概念的水準で述べるしかないだろう。かりに、権威に対する態度と政治的活動を予測するものが時代や文化に縛られているとしても、人びとは自分の望むことをもたらすと信じていることをする傾向があるということは、それらに縛られていなさそうに思われるだろう。社会心理学者バリー・シュレンカー（1974）がガーゲンを批判して議論したように、現象が時代や文化に縛られているので法則はその現象には関係ないと主張することは、水は海面位よりも山では異なる温度で氷になったり沸騰したりするので、水には科学的法則を適用できないと主張するようなものである。

ガーゲン（1973）は、科学それ自体の発見が行動に変化をもたらしうるという、さらなる理由に基づいて、行動の法則の可能性に強く反論した。われわれは、まさにわれわれ自身を内に含んできたのである。われわれが前述した示唆を思い出してほしい。権威への服従や学生の飲酒に関する実験が有益なのは、その実験結果に関する知識がその問題の行動に確かに影響するというまさにその理由からでもある。もし人びとがこれらの発見について知れば、彼らは、疑わしい権威に従わなくなったり、過度の飲酒をしなくなったりしそうである。しかしながら、科学がそのような効果を持ちうるということは、観察される現象が変わりうるかもしれないということを言っているだけであり、法則がないということを言っているわけではない。それどころか、それらの実験の有益な影響を期待することそれ自体が、行動は、それが基づいている知識が変われば変わる傾向があるという一般的な原理を仮定しているように思われる。

それで、法則的原理に反対する最初の三つの議論はすべて落第と思われる。自由意志、人間の差異、そして、科学それ自体が人びとの行為を変えるということに基づく議論は、とりわけ、認知や動機や態度のような心的要因による行動の決定に関する法則的原理を排除していないのである。

行動の決定はあまりにも複雑な事柄なので、それに関する法則のようなものを発見できないという四番目の議論は、簡単には片付けられないように思われる。どんな特定の行動も、無数のさまざまな要因の影響を受けている可能性があるだろう。これはおそらく、心的な状態や事象の効果の中で、すべての人に関してすべての状況でいつも生じると期待できるものは、あったとしてもごくわずかだということを意味している。どんな特定の状態や事象の効果でも、いつも何か他のものの効果によって打ち負かされてしまうだろう。しかし、特定の心的な状態や事象が必ず特定の行動をもたらすと述べるような妥当な原理はまったくないかもしれないが、邪魔が入らなければ、それらはそうする傾向があるとか、そうするだろうとかと述べるような妥当な原理は可能だろう。そのような原理は、特定の状態や事象がその行動を生じやすくする、あるいは、それらの状態や事象がないときよりもより生じやすくするということを言っているのである。このような原理は、「他の条件が等しければ」の法則と呼ばれることもあり、物理学の法則のような正確さは欠いてはいるが、それらは依然として法則のようなものだろう。

反証不可能な原理

それでは、心的な状態や事象の効果に関する法則的原理、少なくともこの種の原理は存在するのだろうか。われわれの意見では、イエスである。しかし、科学的構成概念としての心の擁護者たちが言っていることに反するが、実証的な研究によって発見したり、確証したり、棄却したりできる原理は存在しない（Smedslund, 1988; Wallach & Wallach, 2001a, 2001b）。

まさにそのような原理は、われわれが仮定しているフレームワークに深く組み込まれていると、われわれは考えている。それらの原理に関わる心的な状態や事象を特定するときには、必ずそれらが仮定されているのである。それらを、検証に付されるべき仮説とみなそうとしても、検証はそれらに手を出すことはない。それらの原理は、テフロンのように丈夫である。それらは、関連する概念を持つすべての人びとの概念システムにあまりにもしっかりと浸み込んでいるので、観察によっては反証できない。それらが正しくないかもしれないことを示すようなデータはありえないのである。

そのような浸み込みの例として、望むことと信じることという概念の中に仮定されているとわれわれが考える自明の原理をいくつかあげよう（われわれはこれらの原理の最初のものはすでに使ってきた）。

1．人びとは、自分が望むことをもたらすと思っていることをする傾向がある（そして、そうであればあるほど、その信念とその欲求は強くなる）。

2．人びとは、自分の他の信念と一致することを信じる傾向がある（そして、そうであればあるほど、より一致するようになる）。

3．人びとは、自分が望む（望まない）ことがその通りである、あるいはその通りになりそうと思っているときには、正（負）の感情になる傾向がある（そして、そうであればあるほど、その信念とその欲求は強くなる）。

これらの自明の原理によれば、特定の欲求や信念があれば、特定の行為や信念や感情が生じやすい、あるいは、そうでないときよりもより生じやすいということになる。例えば、学生は、自分がある試験でよくできたことを知ると、良い気持ちになりやすいということになる（第3原理）けれども、もし、ちょうど誰かと別れたばかりではその見込みはないだろう。あるいは、ひとつの言明が別の言明から論理的に導き出されると、前者の言明を信じる人びとは後者をより信じやすいということになる

（第2原理）けれども、もし、その論理的導出が複雑であればそうはならないだろう。

これらの原理のひとつでも棄却できたり棄却するべきであったりする観察結果はない、あるいは棄却することになるはずの観察結果はないと、われわれは主張する。その原理が間違っているというよりは、ある人が、あなたが思っていたようには本当には信じていなかったり望んでいなかったりしたということのほうが、いつも、よりありそうなことだろう。これらの原理が実験によって検証できないのは、そうでなければそれらに対する反証となっていたかもしれないどのような観察結果も、それらの原理の間違いというよりは、何か他のより良い説明をいつも施されるからである。

あなたが、次の実験によって第1原理を検証しようとしたとしよう。あなたは、男子高校生のサンプルが普通の週にどのくらいミルクを摂取しているかを測定し、それから彼らに、ミルクを飲むと筋肉がつくことを（生々しい事前事後の視覚教材を用いて）説明する講義をするだろう。ランダムに選ばれた一部のサンプルは、それに相当するがそれに関連のない講義を受けることになる。その翌週にミルクの摂取量が測定される。あなたは実験群と統制群を比較することになり、そこであなたは、実験群が、あなたがミルクが筋肉をつけると教えた後に有意にミルクを飲まなくなったのを発見したとしよう。これであなたは、人びとは自分が望むことをもたらすと信じている行為をしやすいという原理を疑うようになるだろうか。

あなたは考えるかもしれない。あなたの講義はステロイドに手を出させないための計略ではないかと実験群が疑ったのではないかと。あなたは考えるかもしれない。あなたが何をすべきかを命じたのに彼らが腹を立てて、あなたの指示に反抗したがった（社会心理学の用語では「反発」）のではないかと。あなたは考えるかもしれない。女の子たちがマッチョの「筋骨隆々」の姿をもう好んではいないと彼らが思っていると。あなたは、このような可能性のどれかをすぐに受け入れて、人びとが自分の望むことをもたらすと思っていることをする傾向はないと受け入れることはないだろうと、われわれは思う。

われわれの三つの自明の原理のどれもが、実証的なデータによっては反証不可能であると、われわれは主張する。それが反証不可能なのは、それらが実証的に間違いであることを決して証明できないという意味だけではなく、それらが正しいというよりはむしろ間違っていそうだということすら実証的には示すことができないという意味である。それぞれの原理は、関連する心的状態がどのようなものであるかのまさに中核をなしているので、そうでなければそれに対する反証のように見えるものは、いつも何か他の解釈を施されるだろうし、施されなければならなくなるのである。人びとの欲求や信念が誤解されていたり、不適切に操作化されていたりしたということのほうが、その原理が誤りであるということよりも、いつも、よりありそうなことだろう。

反証不可能な導出仮説

反証できないのは、自明の原理だけではない。仮説というものは、少しでも明白に見えなければ反証不可能かもしれない。反証不可能な原理から論理的に導き出されたどんな仮説も、それ自体、反証不可能だろう。例えば、以下の仮説を検討してほしい。

否定的な自己概念を持っている人びとは、肯定的な自己概念を持っている人びとよりも、自己注目すると負の気分を経験する。（Brehm, Kassin, & Fein, 2005, p.537）

否定的な自己概念が望ましくないものを意味すると仮定すれば（その言明がそれ以外のことを考えているようには思われないだろう）、これは、前述した反証不可能な第3原理（人びとは何か望ましくないことがその通りである、あるいはその通りになりそうと思っているときには、負の感情になる傾向がある）から導き出されていることになる。したがって、人びとが自己注目するということは、もし彼らが否定的な自己概念を持っているとすれば、彼らが何か望ましくないものをより意識しやすいと言っていることになる。

ここでもまた、どんな観察結果も、この言明の棄却をもたらしたり、もたらすべきと思われたりはしないと、われわれは思う。かりに自己注目の状況のもとで、否定的な自己概念を持っている人びとが肯定的な自己概念を持っている人びとよりも正の感情になっているように見えたとしても、その言明が間違っているのではなく、何か他のことがここでは進行しているのだろう。もしかしたら、人びとは、自分自身の特定の側面にだけ注目し、その側面の評価が、彼らの全体的な自己評価とは正反対だったのだろう。もしかしたら、そもそも人びとが自己注目するということを誤解していたのだろう。もしかしたら、誰が否定的で、誰が肯定的な自己概念を持っているかを間違えて確認していたのだろう。もしかしたら、どの人びとがより正の気分か誤解していたのだろう。これらの可能性のどれもが、その言明が誤っていることよりも、よりありそうなことだろうと、われわれは考える。

妥当で反証可能か

われわれは、心的状態の効果に関する妥当に見えるが反証可能でない法則的仮説について説明してきた。心的状態の効果に関する妥当に見えて反証可能な法則的仮説はないのだろうか。それらは見つけるのが難しい。ある反証可能な仮説が妥当だと思われることがあるかもしれないが、よく調べてみると、そうではないことが分かる。例えば、一九六四年に、ニューヨークで残忍な殺人が起こったことがメディアで報じられたが、その事件では、三八人の傍観者が目撃していたのに、その誰も介入のための何の行動も起こさなかった。メディアが主張したこと（目撃者たちの完全な消極性も含んで）の多くは実際には間違っているが（Manning, Levine, & Collins, 2007）、これによって、社会心理学の最も有名な研究のいくつかがもたらされた。社会心理学者ビブ・ラタネとジョン・ダーリー（1970）は、多くの目撃者の存在それ自体によって、例えば、彼らが、すでに他の誰かが警察に通報したりその他の救う試みをしたりしていると思い込むことによって、彼らの行動が起きなかったのかもしれないと提案した。それから、かなりの数の実験が実施され、他の人がいたり、いると信じたりしているときには、明らかな緊急事態であまり介入が生じないことが繰り返し確認されたのである。

これらの実験は次の仮説を支持した。

個人は、他の人がいる（と信じている）ときには、緊急事態にあまり介入しないだろう。（Brehm et al., 2005, p.371）

この仮説は妥当に見えるかもしれない。しかし、すでに他のところでも示唆されていることであるが（Manning et al., 2007, 2008）、これは誤りであると、われわれは考える。他の人がいると思っていることが、緊急事態での介入の確率を下げうることには、ほとんど疑問の余地がないように思われる。それが援助を思いとどまらせるのは、例えば、そのために、その人自身の援助は必要ないと思ったり、他の人の目の前で恥をかいたりしかねないと思ったりするからである。しかし、他の人がいると思っていることは、援助の後押しにもなりうる。それは、例えば、援助をして他の人から賞賛を得るなど何か得になると期待するからである。人びとが他の人がいると信じているときに、より援助をしそうか、あまり援助をしそうにないかは、さらに条件を明確にしなければ分からない。特定の事例で生じることは、この二つの反対の方向に作用する要因の相対的な強度によって決まると、われわれは考える。それで、ある条件のもとでは、他の人がいると思うことは、介入の確率を下げるのではなく、上げるということにもなるのである。

それで、他の人がいると思っていることがどちらの効果を持つか、そのそれぞれの条件を明確にしようとするかもしれない。しかし、われわれが見つけたり思い付いたりすることができるような仮説はすべて、妥当ではあっても、ここでもまた、反証不可能に思われる。例えば、以下である。

個人は、自分の援助があまり関連がないと思うときには、緊急事態にあまり介入しないだろう。

この言明は、われわれの第1の自明の原理（人びとは自分が望むことをもたらすと思っていることをする傾向があり、そうであればあるほどその信念とその欲求は強くなる）から導き出されているので、反証不可能である。この代わりに、もっと抽象的なかたちの反証可能な仮説を探すかもしれない。しかし、われわれが見つけたり思い付いたりする妥当に見える抽象的な仮説はすべて、ここでもまた、反証不可能に思われる。例えば、以下である。

人びとは、もし報酬が高いと見込まれ、コストが低いと見込まれれば、緊急事態で誰かをより助けるだろう。（Brehm et al., 2005, p.356）

これは再び、われわれの第1の自明の原理からのものである。

われわれは、心的な状態や事象の一般的な効果に関する言明は（生理的〔すなわち、非心的な〕随伴が関わらない限りは）すべて、われわれがちょうどあげたばかりの例のようになると思っている。それらはすべて、どんなデータも、おそらく正しいというよりも間違っているということすら示すことができないという意味で反証不可能か、それとも、それらは間違っているだろう。心的状態の一般的な効果（特定の人びとや時代や文化に限定しない効果）に関する言明はすべて、もしそれらが反証可能であれば、妥当ではないだろう。心的状態の効果について存在する唯一の妥当な法則的原理は、それらの状態の考え方にとって本質的なものであり、それで、そのような原理は実証的な研究によっては検証できないのである。

法則がすべてとは限らない

われわれが説明してきたように、心的な状態や事象の効果に関する実証的研究は、法則的原理の発見や検証以外の他の目的を達成するかもしれない。例えば、実証的研究は、ミルグラム（1974）の実験が、誰かを正統な権威と思うことが極めて危険で有害な行為をもたらしうることを示したように、ある心的状態の効果がどのくらい強いものでありうるかを示すことができる。人びとは自分が正統な権威だと思うものに従う傾向があるというその言明は、反証不可能である。しかし、研究者たちは、これによって人びとがそこまで極端になりうることを必ずしも知らなかったので、それで、サディストやサイコパスだけでなく、誰でもそのように行動しうることを示唆することになったのである。

実証的研究は、プレンティスとミラー（1996）の研究のように、心的状態を変化させることによって望ましくない行動を修正するための実用的な手段を実証することもできる。彼らは、プリンストン大学のキャンパスの大量飲酒で仲間のほうが自分よりも楽しんでいる程度について学生たちの思い違いを正すことによって、過剰飲酒が減ることを見出した。人びとは、自分の規範関連行動を、変化した規範の見方に合うように変える傾向があるというその言明は、反証不可能である。しかし、研究者たちは、学生たちの過度の飲酒をこのように効果的に減らすことができるとは、必ずしも知らなかったのである。

われわれは、心的状態の効果について法則的原理はあるが、これらの原理は実証的には研究できない、すなわち、それらの検証には意味がないと議論してきた。しかしながら、科学の名を、法則的原理の発見を目指した研究にだけ限る理由は何もない。博学者ジャレド・ダイアモンド（2005a）が指摘しているように、科学（science）という単語は、ラテン語の「知識」を意味するシエンティア（scientia）から派生している。ダイアモンドが主張しているように、おそらく、科学は、まさに「世界に関する確実な知識の獲得」として広く解釈されるべきだろう（2005b, p.17）。いずれにしても、われわれの意見では、科学的構成概念としての心の擁護者たちは、心的な状態や事象を理論的構成概念として取り扱うことができるという点、そして、それらを有益な目的のために実証的に研究できるという点で正しい。われわれは、どのようにして実験によって、心的な何かの効果が驚くほど強く極端なことや、心的な何かの効果を特定の現実世界の状況に重要な応用ができることを示すことができるのか見てきた。しかし、科学的構成概念としての心の擁護者たちが、もし、実証的な研究によって、心的な状態や事象が行動を支配する法則的原理の発見や実証がもたらされると思っているなら、それは誤解である。

簡潔に言うと

科学的構成概念としての心は、認知や願望や感情のようなものを、物理学のプロトンやクォークと同じように、操作的に定義できる理論的構成概念として扱うべきで、それらの効果は実験で研究できると主張している。われわれはこれらの主張に同意するが、この見方の擁護者たちの多くが示唆しているのとは異なり、われわれは、そのような実験が法則的原理を明らかにしたり支持したりするとは思わない。このような原理で妥当なものは何であれ、心的状態がどのようなものと理解され特定されるかに内在しているように思われるので、これらの原理は実証的研究では発見したり確証したり棄却したりできない。心的状態の効果に関する実験は、効果の強度と応用の可能性について何かを示すことはできるが、それらは、法則のような何かを発見したり実証したりすることはできないと、われわれは論じる。

第七章

社会的構成概念としての心

人間は、心的カテゴリーに大いに頼ることで機能している。すなわち、われわれは、われわれ自身や他の人のことを、考えている、願っている、欲していると記述し、望んでいる、感じている、好んでいる、信じていると記述する。それらのことに関してわれわれが話すことは、回りくどいこともあればあからさまなこともあるが、われわれは、そう話すこと自体の外部に、それが何らかの拠り所を持っている、あるいは少なくとも持ちうると考えがちである。あるいは、そのようにわれわれには思われるのかもしれない。しかし、心を社会的構成概念とみなす見方がここで言いたいことは、心的カテゴリーにはそのような拠り所が手に入らないということである。この見方によれば、心に関して話すことのために手に入る拠り所は、他の話すことだけである。われわれは、言葉の中に閉じ込められているのである。われわれがどんな表明を行なおうと、それらは、会話の領域それ自体の中に、壊すことも壊して逃げ出すこともできない修辞法の輪の中にとどまるよう運命づけられているのであり、つまり、そのような言明は、時代と文化の慣習的な仮定の働きにすぎないということである。

心を社会的構成概念とみなす見方は、比較的最近現れたものであり、主に心理学者ケネス・ガーゲン（1994a, 1994b, 1999）が、ここ二、三〇年で提案した。多くの他の人も、社会的なものが心に果たす役割を強調してきた。おそらくガーゲンに最も近いのは、「ディスカーシブ心理学者」であるが（e.g., Edwards & Potter, 1992, 2005）、彼らは、自然発生的な会話について実証的研究を行ない、心理的に話すことを、心的状態の表出というよりはむしろ、主として社会的行為の遂行に関わる事柄とみている。社会的なものが心に果たす役割を強調した他の人については、以下で説明するだろう。われわれがガーゲンに注目するのは、心が完全に社会的な構成であることを主張した主要人物が彼だからである。

われわれは、もうすでにガーゲンとは出会っている。われわれは第六章で、彼が、人間の行動がさまざまな文化や時代で大きく異なることや、行動が科学的知識それ自体によって影響を受けることを理由にして、心理学的法則の存在に反対する議論をしたことを説明した。ガーゲンは、それらの議論をした後も満足して立ち止まることなく、それに続けて、ちょうど説明したように、それを否定するところまで行った。例えば、彼はこのように書いている。心的な言葉は「真実の姿」（1994b, p.147）ではないと。そして、心的な言葉を使う根拠は、社会的な慣習によって完全にもたらされるのであり、「独立した世界に対するその関係」（1987, p.119）からもたらされるのではないと。

ガーゲンは、第二章で議論したウィトゲンシュタイン（1953, 1965）やライル（1949）の、心を話し方とみなす見方の影響を強く受けている。ウィトゲンシュタインとライルが、欲求や感情や思考を私的な内面的な実体や過程とみなすことは間違いであると主張したのを思い出してほしい。われわれは、言葉の慣習的な規則のせいで、誤ってそれらを物象化しているのである。これらの規則に従って、欲求や感情などの単語は、時計や家のような物理的実体を指し示す単語と同じように扱われている。そして、これによって、われわれは、前者の単語が、頭の中の非物理的実体のようなものを指し示しているに違いないと考えるようになるのである。しかし、心的な用語は、何か非物質的なものや何か主観的なものを指し示していると理解するべきではない。例えば、ある女性がある本を読んでいるのはその話題に興味があるからだと言うとき、これは、「興味」というものが、その読むということの独立した非物質的原因として彼女の頭の中にどうにかして座っているということを言っているのではない。思考や欲求や感情やイメージについて、まるでそれらが現実の実体であるかのように話すのは、単なる話し方にすぎない——それは、言葉の慣習的規則に単に従っているだけである。この見方それ自体が、その支持者たちによって「心の社会的構成」と呼ばれることがあるが（e.g., Coulter, 1979）、われわれが、心を社会的構成概念とみなす見方と本章で呼んでいるものは、この考えを先に進めたものである。

ガーゲンは、欲求や思考などを非物質的な実体とみなすことが、言葉の慣習的規則を誤解した結果にすぎないということを受け入れているだけではない。彼は、心的に話すことはすべて、言語的慣習にすぎない事柄であると主張している。これは、ウィトゲンシュタインやライルが主張したことをはるかに超えている。というのは、彼らは、心的に話すことは（その他の）言葉を超えた何かとは何の関係もないとは主張しなかったからである。彼らは、そのように話すことは、隠れた原因を指し示しはしないけれども、実際の説明になり、実際の期待をもたらすことができると考えていた。ライルが書いていたのを思い出してほしい。それは、誰かがある本を読んでいるのはその話題に興味があるからだと言うことは、その人の行動をより広いパターンの中に当てはめ、そして、それによって、その人が他に何をするかに関する期待を生み出すことである。これらは、確認することのできる期待である。ウィトゲンシュタインとライルは、本章で検討している見方がしているようには主張しなかった。つまり、そのような言明や、欲求や感情や思考に関わる他の言明を、それに照らして確認することができるものは何もないとは、言語以外には何もないとは、そして、（他の）単語を超えたものは何もないとは主張しなかったのである。そのような主張によって、心的な言明はすべて純粋に言語的慣習の事柄になり、そして、そのような主張こそ、心を社会的構成概念とみなす見方の特徴なのである。

しかし、ウィトゲンシュタインとライルは、この見方の広大な背景の一部をなしているにすぎない。知ることに関する疑いは、少なくとも西暦紀元前三世紀のギリシアの懐疑派以来存在している。一九世紀には、カール・マルクスとフリードリヒ・ニーチェが、知識だと受け取られているものの少なくとも多くを、ある種の偽の意識と見ている。マルクスにとっては、人の思考や判断は、その人が実現する経済的、社会的役割によって決まるものである。無階級社会になって初めて、階級制度とその中での地位に関する意識を昂揚することによって、これは克服できる、少なくとも原理的には成就できるだろう。

ニーチェはさらに先を行く。彼は、真実というまさにその概念それ自体を疑った。「いったい真実とは何か……詩的にそして修辞的に強調され転嫁され潤色された、そして、長い使用の後では、人びとには固定的で規範的で拘束的に思われる、人間関係全体。真実は、われわれが幻想であることを忘れてしまった幻想である」(Nietzsche, 1873/1979, p.84)。ニーチェと比べれば、マルクスは、かりにも意識の昂揚が認識論的進歩を生み出しうることを仮定している点で楽観主義者のように見えるだろう。

二〇世紀には、それまでに一般に認められてきた知識への疑問と、真実の達成可能性に関する疑念とが増大し続けた。認識論や科学哲学について書いてきた人の多くが説得的に議論しているのは (e.g., Feyerabend, 1975; Gadamer, 1975; Hanson, 1965; Kuhn, 1962; Quine, 1980)、観察は価値や既存の考えから決して自由ではないということであり、正しく従えば必ず真実にいたるような規則を定式化することはできないということであり、「すべての理解には必ず何らかの偏見が伴う」(Gadamer, 1975, p. 239) ということである。その世紀も終わりに向かう頃には、自然科学《ハードサイエンス》でさえも、社会的な浸潤を受けていると理解されるようになり、「科学社会学」を活発な学問分野として生み出すまでになっている (e.g., Barnes, Bloor, & Henry, 1996; Knorr-Cetina & Mulkay, 1983)。

心や社会の考え方は、認識論や科学の考え方に関連した方向に変化していた。いくつかの例をあげよう。フランスの社会思想家ルシアン・レヴィ－ブルール (1926) は、「いかなる時代のいかなる場所でもいつもまったく同一の『人間の心』の同一性」に対して強い異議を唱えている (p.18)。アメリカの哲学者で社会科学者のジョージ・ハーバード・ミード (1934) は、心はそれ自体「社会的過程の中で、社会的相互作用の経験的母体の中で発生し発達するもの」とみなされなければならないと (p.133)、そして、心の中味は「社会的相互作用の発達と産物だけ」であると書いている (p.191)。ロシアの心理学者レフ・ヴィゴツキーは、一九二〇年代と一九三〇年代に研究をしていたが、考えるということをすべて、他の人と一緒に最初に行なわれたものの内面化のようなものと考えていた。すなわち、彼は「高次の心的機能の基底となるまさにそのメカニズムは、社会的相互作用からのコピーである」と書いている (Wertsch, 1985, p.66 の翻訳に引用)。アメリカの社会学者で神学者のピーター・L・バーガーとドイツの社会学者トーマス・ルックマンは、彼らの著書『日常世界の構成』(1966) の中で、社会とその制度は、われわれがそれらを好んで認めるかどうかにかかわらず、われわれ自身の行ないであると指摘している。すなわち、「人間は、人間の産物ではない何かとして自分が経験することになる世界を生み出すことができる」のである (p.57)。心と習律《モーレス》は、われわれがそれらを作ることから離れてはほとんど存在しないという、目の回るような結論を多くの人が下している。

ここ二、三〇年、ここで典型的に当然視されていた考えに対する批判は、さらにただ増すだけであった。社会集団や社会的仕組みや心それ自体に関する標準的な考えは、不変の現実とは関係がないものとみられるように徐々になっている。むしろ、そのような考えは、特定の時代の特定の場所で優勢となった情況が作用させているのにすぎないとみなされるようにますますなっている。例えば、精神疾患のようなものがあるという考えや（e.g., Szasz, 1974）、人びとはとにかく男と女にきっちりと分けることができるという考えだけでなく、女は男よりもさまざまな職種に生まれつき向いていないという考えや（e.g., Lorber, 1994）、そもそも人種が正当なカテゴリーであるという考えだけでなく、ある人種のメンバーは他の人種のメンバーよりも知的に劣っているという考え（e.g., Fish, 2002）などである。社会哲学者ミシェル・フーコー（e.g., 1980）にとって、そのような考えは、ある社会の特定の権力関係の産物である（マルクスを彷彿とさせる考えである）。それはともかく、心を社会的構成概念とみなす見方は、心や心的なものを、極めて一般的に言って、文化的（社会的、歴史的）な用語でしか理解できないものだと考えている。

心性の文化的解釈

歴史学的著作や文化人類学的報告は、心《サイク》に関する多くの考えが、われわれが現在この社会で当然と思いがちなものと大きく異なっていることを確かに明らかにしている。例えば、われわれの現在の社会では精神疾患を抱えている人だとほとんどの人からみなされるような人びとが、一昔前には、魔法にかかっていると理解されていた。ヤーコブ・シュプレンガーとハインリヒ・クラマーの『魔女に与える鉄槌』(1486/1968) は、教皇の後ろ盾を得た二人のドイツ人ドミニコ会修道士による一五世紀後半の教本であるが、この二人の修道士自身が行なっていたのと同じような異端審問の仕事を後押しするために書かれた。この本で魔法にかけられていると記述された多くの人びとは、妄想や幻覚、躁や鬱の行動など、今日われわれが精神病理的症状と呼ぶものを示していた。数え切れないほどの「審問」と処刑が、「魔女」という、その魔法の責任を取らされた不運な人に対して行なわれた。今やわれわれは、これらの信念や行為を提案した、まさにその人びと自身が妄想に取りつかれていると考えるだろう。しかし、もしかしたら、今日のわれわれ自身が妄想に取りつかれているのである。

文化人類学者は、人びとが自分の心の状態の原因と効果を、われわれと同じようには考えていないと思われる多くの社会集団を記述している。原因については、人びとの情動は、神や霊の仕業と受け取られることが多い。ジーン・スミス (1981) は、このような例をあげている。「マオリ族は、恐怖の情動が、間近に迫った戦いのような恐怖を引き起こす事象だとわれわれが考えるものによって生じているとはみなしておらず、むしろ、それは、タプという規則の違反に怒った敵意を持ったアツア〔神か霊〕が人に負わせているものだと信じていた」(p.149)。恐怖は、正しい儀式に従うことで払いのけることができた。例えば、その儀式は、「高貴な生まれの女性か族長の股の下をくぐることであるが、それは、性器には超自然的な影響を取り除く力があるからである」(p.149)。

心の状態の効果については、サモア族は、人びとの行動が彼らの情動から生じているとは決して思っていないと記述されている（Lillard, 1998）。サモア族にとっては、行為は感情のしるしではあるが、感情の結果ではないのである。そして、もうひとつの集団、イファリク族は、心的状態が、遠く離れた誰か他の人を病気にすることができると考えている。「ある人が恋しくてホームシックになっている人は、もしその恋しい人に自分の思考や情動を集中し続ければ、その人を病気にすることができる」（Lutz, 1988, p.100）。一方のケースでは、情動は効果を持たないが、もう一方のケースでは、情動は遠くで効果を持ちうるのである。

文化人類学者は、集団によって、その集団が持っている心的状態の概念そのものが異なることも指摘している。キャサリン・ルッツ（1988）が南西太平洋の環礁で実地調査を行なったイファリク族の間のファゴに関する議論を検討しよう。ファゴは、この集団にとって中心的な心的状態の概念であり、最初、ルッツはその使用が極めて不可解だと思っていた。

いくつかの例をあげよう。あるとき、ルッツは、ニューヨーク市で彼女が見た脚のない男性が車輪つきの低い板に乗って通りを自力で進んでいる話をした。あるイファリク族の女性が、これを聞くや感情を込めて、「『私が彼を見たら彼にファゴするわ』」と応えた。彼女はそれから急いで、彼の家族はどこにいて、なぜ家族が『彼を世話』していないのか尋ねた」（p.120）。また別のあるとき、ルッツが一緒にラブソングを聞いていた女性の鳥肌が立つと、その女性は、鳥肌は「とりわけ、『歌っている人へのわれわれのファゴ』で生じている」と言った（p.120）。酒の飲み過ぎで深刻な胃腸障害を起こしているように思われる弟に医療を受けさせるために、兄は大変な苦労をし、自身も困窮した。それから弟はよくなると、兄の助言を聞かず、また飲み始めた。兄は、弟を叱って、「おまえは私の思いをファゴしていない」(p.120) とも、「おまえはおまえ自身〔の命〕をファゴしていない」(p.121) とも言った。

ようやくルッツは、ファゴが、彼女(やわれわれ)が愛と同情と悲しみの混じり合いを表現するもののようでありながら、これらの用語にはまったく翻訳できない何かに関わっていると理解するようになった。つまり、愛は、愛されるものに対する肯定的な評価を暗に言っているが、ファゴは、他の人を弱く、困っているとみていると言っている。愛は、幸せな情動とみなされているが、ファゴは、幸せというよりはむしろ悲しいとみなされている。しかし、ファゴは、アングロサクソン系のアメリカ人の意味での悲しみも意味していない。というのは、その悲しみは、個人的な不運のときのように、より自分に関係させていると思われることが多いからである。ルッツが言うには、アングロサクソン系アメリカ人と比較して、イファリク族が他の人に対する自分の関係をかなり違った方法で理解していることが分かれば、ファゴはよく理解できる。その方法に「含まれている意味は、他の人の苦しみが重大な関心事であるということ、他の人への愛着は、自己完結的な感情よりもむしろ積極的な配慮や世話を伴うということ、明らかに愛は力の情動であるということ、愛が悲哀の色合いを濃く持つのは、愛の対象が弱いからであり、そして、愛はしばしば喪失と同じだからであるということである」(p.154)。ポーランド系オーストラリア人の言語学者アンナ・ヴィエツビチカ (1992) は、ファゴについて異なる解釈をし、接続語ではなく離接語とみなしているが、それでも彼女は、それを、イファリク族独自の心的状態の概念として独特のものであるとしている。

実のところ、心性に関する考え方がさまざまな人びとで大きく異なることに気づくために、文化人類学的報告や別の時代に頼る必要はない。本書はそれ自体がぴったりの例であり、すべてわれわれ自身の本質的にヨーロッパ中心主義的文化の一部ではあるが、より広い文脈で捉えれば密接に関連した専門家たちの集団の現状の範囲で、心に関する極めてさまざまな見解を提示している。社会的構成概念としての心の擁護者は、われわれの本を高く掲げて尋ねるだろう。どうすれば、そこで紹介されているさまざまな考え方や信念（本章の擁護者の見方も含めてだろうか？）のどれかひとつにでも賛成するべきと、いったい誰が分かるのだろうかと。さまざまな宗教的説得が別の言葉であるのと同じように、それらの見方は単に別の言葉である。それらの見方は、文化的（あるいは、下位文化的）伝統であり、それ以上のものではない。その擁護者は言うだろう。心性の問題を歴史を通して見ようが、文化人類学的報告を通して見ようが、まさに本書を通して見ようが、心性に関する正しい答えはなく、単にさまざまな慣習があるだけだと。

もしある人の心的状態を、自分自身のそれや他の人のそれを、曖昧さを排して確定することができるのであれば、正しい答えというものがあるかもしれない。しかし、それが悩みの種である。社会的構成概念としての心の擁護者によれば、それは不可能である。

自分自身の心的状態

われわれは、他の人の心的状態を直接に知ることはできないけれども、自分自身の心的状態については直接に知っていると思われることがある。しかし、われわれはどのようにしてそのように知っていると思うことになるのだろうか。逆説的に思われるかもしれないが、われわれは自分自身の状態を観察できない。われわれは、視覚的幻覚を持っているかもしれないし、聴覚的幻覚を持っているかもしれないし、痛みを持っているかもしれない。しかし、ウィトゲンシュタインが言うように、われわれはそれらを持っているのであり、それらを観察しているわけではない。われわれの頭の内部に座っていて、報告書を出している小柄の観察者がいるわけではない。そうでもなければ、その小さな観察者には、その頭の内部にもう一人のもっと小さな観察者が必要になるだろう。いずれにしても、自己欺瞞が、どのように状態が特定されるかに、いつもバイアスをかけうるのである。例えば、もしある女性が怒りを望ましくないものと考えていれば、彼女は、自分自身の中にそれをあまり認めそうにないだろう。彼女は、自分の不快感を何か他のもの、もしかしたら腹痛のせいにしそうではないだろうか。あるいは、彼女は、自分の辛辣な厳しい言葉を、温和なユーモアのセンスのおかげにしそうではないだろうか。

行動は曖昧である

それでも、われわれには行動が残されている。おそらく、人びとの公然の観察可能な行動から彼らの内的状態を確定することができるだろう。結局のところ、たとえ人びとの心は読むことができなくても、人びとがすることは観察できるのである。しかし、行動の解釈はいつも曖昧である。ケネス・ガーゲン（1994a）は、以下の（作り物の）話で、これを説明している。そこでは、彼が二人の友人の行動を観察し解釈している。われわれは、ロスとローラの寓話と呼ぶことにしよう（デネットの不運なロボットの寓話では十分でなかったと言わんばかりに、もうひとつの寓話である）。

ガーゲンは、彼の二人の親友ロスとローラが、パーティーに一緒に来ているのに気づく。ロスは手を伸ばしてローラの髪をちょっと触る。ロスはその前の週にガーゲンに、ローラを狂おしいほど愛していると話していた。それで、彼が彼女の髪を触ったのは愛情のしるしだということを意味しているだろう。しかし、ローラはガーゲンに、ロスが冷たく感情を殺しているように見えるとロスに話したことを伝えている。それでは、おそらく、ロスは、自己提示の戦術を使って、彼女が間違っていることを証明しようとしていたのである。しかし、ガーゲンはもう一人の友人から、前の晩にロスとローラが大喧嘩をしたのを知った。彼女は彼を非難して、彼は世界が自分を中心に回っていると思っているとか、彼が望む女性は彼の手には入らないとかと言った。彼女は彼に、二人の間は終わりだと言った。それでは、おそらく、ローラの髪を触ったのは、嘲笑う行為だった。ロスは、自分が望む女性は誰でも、ローラを含めて手に入れられると暗に言っていたのかもしれない。

そのパーティーと、ガーゲンの話は続く。さて、彼は、ローラがロスに微笑みかけ彼の手をなでるのを見る。明らかに、彼が髪を触ったのにローラが心を動かされ、前の晩に言ったことを反省したのである。それでは、彼のしぐさは、おそらく、嘲笑うものではなく、結局のところ愛情のしるしだったのである。しかし、数分後にガーゲンは、ロスが友人と話しながら自己満足げなのを見る。おそらく、彼女の髪を触ったのは、愛情のしるしではなく、自分が温かく感情豊かなことを見せる最後の努力をして、それがうまくいったのにうぬぼれて喜んでいるのである。

次の日、ガーゲンは、ローラが、ロスの車を借りて、石の壁にぶつけてそのボティーをスクラップにして、その場にほおっておいたことを聞く。それで、彼女は、おそらく、ロスのしぐさを嘲笑いの行為だと思ったが、彼から車を借りるために、それを愛情のこもったものとして扱ったのである。彼女の目的、それは復讐である（自己提示の戦術とはまさにこのことである）。やっとそのジレンマが解消されたように思われるのだが、それは「その次の週にロスとローラが公園で、腕を組んで歩きながら穏やかに話しているのが見つけられるときである」（Gergen, 1994a, p.61）。

愛情、嘲笑、打算的な自己提示、どれだろうか。ロスがローラの髪に触ったことの背景にある心的活動は何だったのだろうか。ガーゲンの例え話の通り、どんな行動にもいつも多くの別の解釈の可能性があり、そのどれもが正しいとも正しくないとも明らかにできない。さらなる観察結果が決定的なものになりえないのは、それぞれの新しい観察結果それ自体が、元の観察結果とちょうど同じジレンマに陥るからである。つまり、それにもまた、多くの他の解釈の可能性があり、そのどれもが正しいとも正しくないとも明らかにできないからである。例えば、ロスがガーゲンにローラを愛していると話したのは、彼が本当にそうであることを示しているわけではない。そう言ったのは、彼の感情の正直な表現というよりもむしろ、ロスが本当はそのような感情を持っていないのにそれを持っているとガーゲンに納得させることを目論んだ印象操作の策略であったのかもしれない。あるいは、それは、ロスが自分自身を納得させようとした自己欺瞞の行為であったのかもしれない。そして、髪を触るのを観察しても、物事を解決することにはならないのである。なぜなら、それはあまりにも曖昧であるからである。それで、ガーゲンはこれについては正しいことになる。すなわち、行動の解釈はいつも曖昧であり、それは、たとえ解釈する人と行動する人とがまったく同一人物でもそうである。

解釈とその仮定

しかしながら、ガーゲンを批判する人は、ロスとローラの寓話は、極端に曖昧な非典型的な例であり、次々と観察が行なわれるが、それらの観察結果は、何度も繰り返して最初の解釈と次の別の解釈をより妥当そうなものにしている、つまり昔ながらのおとり商法の駆け引きだと論じるかもしれない。ローラがガーゲンに、ロスのことを冷たく感情を殺していると思うと話したのではなく、彼のことを暖かく愛情深いと思うと言ったとしよう。ガーゲンがロスとローラの間の喧嘩を知ったのではなく、彼らが暖かく抱き合っているのが目撃されたと聞いたとしよう。ロスがうぬぼれて自己満足げに見えたのではなく、単に幸せそうに見えたとしよう。ガーゲンが、ローラがロスの車を石の壁にぶつけてスクラップにしてその場にほおっておいたと聞くのではなく、彼女がロスの代わりに洗車のために乗っていったと聞いたとしよう。そのような情況のもとでは、原理的には曖昧ではあるけれども、髪への接触は――嘲笑でもなく自己提示でもなく――愛情であるということにわれわれは疑いをはさまないだろう。

科学的構成概念としての心の擁護者たちによる操作的定義に関する議論を思い出してほしい。心的状態を操作的に定義することを擁護するために、彼らは、いかなる観察結果も特定の解釈の正しさを保証することはできないが、観察結果は、ある解釈の確からしさに影響を及ぼすことができると指摘している。ある人が特定の心的状態にある場合に期待されることに合致するように行為するのが観察されればされるほど、そして、そうでない場合に期待される行動が少なければ少ないほど、その人はその特定の心的状態にありそうである。このように、ロスがガーゲンにローラを愛していると話すことは、彼がそうである可能性を高めるのである。なぜなら、今のところは、彼女を愛していると彼が言うことは、彼がそうでない場合よりもそうである場合のほうが容易に期待できることだからである。

社会的構成概念としての心の擁護者は、これがあまりにも口先だけのものだと反論できる。特定の心的状態に合致するものとして観察することが期待できる行動は、決して自明ではなく、いつも仮定によって決まるのである。ロスが正直にガーゲンにローラへの愛を打ち明けたと仮定する代わりに、ロスがガーゲンに彼女を愛していることを信じさせたかったのは、例えば、彼が彼女のお金を目当てに結婚しようと企んでいて、このことを知られたくないからだと仮定できるかもしれない。特定の行動の断片の意味はいつも曖昧である。それの解釈の仕方にはいつも別の可能性があり、そしてすべての解釈は、仮定によって決まるのである。

特定の仮定が正しいことを確信する方法はない。演繹的にせよ帰納的にせよ、何か他のものを仮定することなしに保証できるような信念はない。演繹を最初に取り上げよう。仮定された信念を演繹的に支持するためには、あなたは、それを導き出すことになる前提を仮定しなければならない。例えば、あなたは、ロスがガーゲンに正直でありそうだと言い、なぜなら親友はお互いに正直な傾向があるということからこうなると言うかもしれない。しかし、それでは、あなたは、このことが親友に当てはまるということも、ロスが実際に親友であるということも仮定していることになるだろう。信念は、あなたの演繹の前提を仮定しなければ演繹的には決して保証できないのである。

あるいは、あなたは、仮定された信念を帰納的に、すなわち観察に基づいて支持しようとするかもしれない。それでは、あなたは、その観察結果がどのように解釈されるべきかを仮定しなければならない。例えば、あなたは、ロスがローラについてガーゲンに正直に話していそうだと言い、なぜなら、ロスのこれまでの行動が彼が正直な人物であることを示しているからだと言うかもしれない。しかし、これは、これまでの行動が正しく解釈されていることを仮定しているのである。信念は、観察結果の解釈を仮定することなしには観察結果によっては決して保証できないのである。

要するに、社会的構成概念の擁護者は、その批判者は間違っていると言うのである。行動の観察結果は、仮定を置かなければ、ある人が特定の心的状態にありそうだという見込みに影響を及ぼすことすらできない。異なる仮定のもとでは、異なる解釈が妥当である。そして、いかなる仮定も、さらなる仮定に基づかなければ保証できず、その仮定自体も、なおもさらなる仮定に基づかなければ保証できず、と続くのである。仮定は、このように究極的に正当化できないものである。つまり、私が何を仮定するかは、私がどこで生まれ、いつ生まれ、誰によって社会化されたかという偶然の巡り合わせによっているからである。

その批判者は応えるかもしれない。行動のどんな観察結果にもその解釈の仕方にはいつも別の可能性があることは認めよう。そして、すべての解釈が仮定によって決まり、どんな仮定も他の何かを仮定することなしには保証できないとも認めよう。しかし、こうだからといって、すべての仮定が等しいということにはならない。すなわち、心的状態に関する仮説は、慣習だけによって保証される仮定

──ちょうど他のものにもなりえる仮定──によって決まるということにはならない。

その批判者は続ける。仮定は、どれかひとつを受け入れる理由はないという意味で、最初は等しいかもしれないが、必ずしもずっと等しいままであるとは限らない。観察結果によって、仮定の中には、より正当化されていると思われたり、より正当化されたりするようになるものがあるかもしれない。観察結果は（たとえ特定の仮定にいつも基づいていても）信念を示唆し、そして、それらの信念は、すでに真実だと仮定している信念にうまく合致するかもしれないし、それらはそうしないかもしれない。それらがそうでないときには、観察結果によって示唆される信念を変えるのではなく、すでに持っている信念のいくつかを変えることによって、より一貫した一連の信念に到達することもあるかもしれない。

例えば、ガーゲンが、ロスがローラ以外の一人の女性の肩を抱いているのによく出くわすとすれば、それは彼がローラをまったく愛していないことを示唆することになる。ガーゲンは、この観察結果を解釈し直すかもしれない（例えば、その女性はロスの妹かもしれないとか、ロスは実は二人の女性を愛しているのだろうとか）。しかし、ガーゲンの他の信念（例えば、ロスには妹はいないとか、ロスは同時に二人の女性を愛しそうにないとか）とのより良い一致は、もしガーゲンが、ロスがローラを愛していると言ったときに自分に対して正直であったという仮定を棄てれば、達成されるかもしれない。その曖昧さにもかかわらず、観察結果は、仮定されている信念の変化をこのようにしてもたらすかもしれないのである。

船とクモの巣について

仮定された信念のすべてを永遠に維持するように運命づけられているわけではない。信念は、その相互依存性にもかかわらず、改良に向けて進ませることができる。それは、ちょうど、海上で船の修理に取り掛かるように（Neurath, 1959; Stam, 1990）、いちどきに船板（信念）を外しすぎてはならない。

「信念のクモの巣」（Quine & Ullian, 1970）に対する絶え間ない修正は、観察に基づいて行なうことができる。観察結果によって示唆される信念が、すでに仮定された信念と合致するときには、それらを吸収するだけでよい。合致しないときには、その観察結果を解釈し直すか、既存の信念に変化を起こすかして、できるだけ混乱のないようにしながらより良い合致を目指すことができる。このようにして、変化を最小限に留めながら、クモの巣の構造的一貫性を高めたり、あるいは少なくとも保ったりし続けることができる。クモは、周りの世界が自分の巣を破ったときにそうするし、われわれは、われわれの信念のクモの巣に対してそうするのである（Quine, 1990）。一貫性が何を意味し、心理的にどう作用するかに関する詳しい検討は、カナダの哲学者で心理学者のポール・サガードの『思考と行為における一貫性』（2000）に見つけることができる。それで、われわれが海上で船を造り直そうと、破れたクモの巣を紡ぎ直そうと、そのどちらの比喩であれ、観察は、仮定された信念に影響を及ぼすことができるのである。

この時点で、社会的構成概念としての心の擁護者たちは、そのような手続きに従うことで信念が改良されるというまさにその考え自体が、ある時代のある集団が持っている仮定にすぎないと提案するかもしれない。これまでの例の中で強弁されている、観察に対する対応性のようなものは、実証主義の伝統の一部であって、ガーゲンが述べているように、「実証主義の伝統は、多くの考えられる伝統のなかのひとつにすぎない」(1999, p.95)と、彼らは言うかもしれない。

さて、ちょっと待て、反論がある。集団によっては、この手続きにより大きく従う集団もあるが(科学者たちは、その科学の実践で、おそらく他のほとんどの人たちよりも全面的にそれに従うが)、そもそもすべての場所のすべての人が、それにある程度は従っているように思われる。もしそうすることの望ましさが仮定であるというのであれば、それは、その仮定を無視すると全人類の存在が危険にさらされるような仮定のように思われる。われわれはみんな、観察を踏まえながら、われわれの信念のクモの巣を直そうとしたり、われわれの水漏れのある船舶を修理しようとしたりすることによって活動するのであり、あるいは少なくとも活動する傾向があるのである。ガーゲン自身でさえ、ロスとローラの寓話の中で、ロスがローラの髪に触ったことの彼の解釈が新しい観察結果とともに変化していったように、この過程の実例になっているのである。

信念のクモの巣の一貫性を高めたり、少なくとも保ったりするように観察結果に対応することは、毎日を普通に歳とっていくためにはとても大切なことに思われるし、次に何が起こるかを予測したり、望ましい結果が生じるように持っていったり、予期せぬ嫌なことを避けたりするためにはとても大切なことに思われる。もしガーゲンが、ロスが自分に対して正直であるという考えを、ロスがどんな行動をしようが変えないとすれば、不幸な結果になるかもしれない。われわれの信念のせいで、われわれが世界の中で行為するとき、「世界は蹴り返す《キック・バック》ことがある」(Viger, 2000, p.138)。もしわれわれが、ほんの少しであっても一貫した信念のクモの巣を得ようとしていないのであれば、われわれは、本当に海上にあって、どんな船も造ることができないし、他の何もすることができないということになるだろう。船とクモの比喩はそろそろ終わらせ《キック・バック》ようと思うが、あなたにはどういうことかお分かりですね。

心を社会的構成概念とみなす見方は、本章の冒頭で解説したように、心性の考え方がかなり異なることが見出されてきたことによって提案されている。しかし、異なる考え方は、必ずしも対立する考え方ではない。ファゴのような心的状態は、ある集団のメンバーには馴染みがあるが、別の集団のメンバーには無縁かもしれない。しかしながら、そうだからといって、必ずしも後者の集団のメンバーが、話されていることを理解できないとは限らず、それが何であり、どういう関係を持っているかについて前者の集団のメンバーと合意できないとは限らない。結局のところ、それが、ルッツが、ファゴというイファリク族の概念を理解するようになったときにしたことだと思われる。

一方、考え方は対立しうるのも真実である。それで、離れている人に思いを寄せると、そこにいないその人を病気にすることができるというイファリク族の信念は、病気の因果関係論に関するわれわれの文化の考えとは対立している。しかし、このような対立が生じるときには、さらなる観察結果によって、対立する一方または双方が、彼らの考え方を、それらがより一貫するよう修正するようになるかもしれない。もちろん、必ずしもたやすいことではない。あちこち旅するイファリク族の夫は、自分の病気が、妻が自分を恋しがっていることを意味していると、なおも受け取り続けるかもしれない。しかし、もし彼が、妻が彼のもとを去ってしまい、そして、自分が旅で食べていたものを食べるといつも病気になることを発見したとすると、彼がこれまで信じてきた病気理論を疑うようになるかもしれない。たとえその理論が、彼が母のひざの上で学んできたものであってもである。彼の観察結果は、もしそれを十分に実行すれば、このようにして、彼の文化の考え方から彼を引き離すかもしれない。彼が病気に関する考えを変えたのは、西洋の社会化の担い手のために仮定が勝手に変わったからではなく、彼が、彼の観察結果から最も筋の通った理解を得ようと――より一貫した信念のクモの巣を作ろうと――試みたからかもしれない。こういえば政治的には正しくないかもしれないが、さまざまな文化の病気理論は、観察結果が積み重なるにつれて、等しく弁護できるものではなくなるのかもしれない。

知識はいつも社会的要因の制約を受けているという主張は、今や広く受け入れられている（e.g., Curd & Cover, 1998; Godfrey-Smith, 2003; Haack, 2003）。しかし、ガーゲンの立場の擁護者たちは、その主張から、知識は慣習だけの作用であるという結論に一気に飛躍しているように思われる。しばしば、この結論は、抑圧された個人や集団の解放のために普及させられてきた。権力にある人びとに仕える考えが、現実には何の根拠も持たない単なる慣習でしかないことを示すことは、それらの考えを無効にし、正義を支持するのに役立てることができる。しかしながら、知識は慣習だけの作用であると言うことは、いかなる考えも他のどんな考えよりもより正当ということはまったくないと言っていることになる。正義は、特定の主張をしないことになるだろう。さらに、ある特定の限られた伝統の範囲を一歩外に出ると、合理的な議論の試みはすべて、そして証拠への訴求はすべて、無意味になるだろう。慣習の他は特定の信念や活動を正当化するものは何もないという教条を普及させることは、致命的な反知性主義を助長することのように思われる。この教条は、力のない人びとを解放するというよりはむしろ、対立を収めるために力を行使すること以外の何の根拠にもならないように思われる。

心や心性の考え方が、その他のすべての概念と同じように、人が生きている時代と文化によって多少なりとも決まることを疑うことはできない。しかし、歴史と文化は、その指図を超えて柔軟に動く余地があるので、われわれを完全に縛りつけているわけではない。そして、世界は蹴り返し、われわれの考え方を強い殴打で従わせる。考え方の中には、あまり蹴られるということにならないで、より長く存続できるものもある。偏執症的妄想を持った人びとでさえ、もしわれわれがそう言ってよければ、彼らは世界が彼らを蹴るときに柔軟に動くことを拒否するので世界による打撲傷を負っているようなものであるが、その彼らでさえ、まったく柔軟に動かないということはほとんどないのである。

簡潔に言うと

社会的構成概念としての心の支持者たちは、心や心性に関する言明は真理値を持たない——真でもなければ偽でもない——と主張している。そのような言明は、社会的慣習だけを反映している。心的状態は観察できないし、行動の解釈はいつも曖昧である。特定の解釈の可能性でさえ、いつも仮定によって決まる。もしかしたら、心的に話すことはいつも仮定に基づいているが、仮定は、すべてが同等というわけではないと、われわれは議論する。われわれはみんな、その程度はさまざまではあるが、われわれの信念のネットワークに合理的な一貫性を維持する必要があるときには、われわれの仮定を変える傾向がある。われわれはみんな、その程度はさまざまではあるが、仮定がわれわれの観察やわれわれの他の信念により良く一致するときには、その仮定をより正当なものとして扱う傾向がある。まさにわれわれわれの生存に必要なことである。

終章　心を（完全に）見失うことなく二元論を避ける方法

ということで、恐れを知らない二人の周航者は、一周して元の位置に戻る。われわれは本書を、ひとつの問題で始めた。記憶や想像や愛や創造的発想や美に対する反応などのような人間の状態の構成要素はすべて、私的な心の領域に、世俗的な事柄の領域とはまったく異なる領域に属しているように思われる。しかし、もし心が身体とまったく別のものであれば、それらの間の関係はどのように説明できるのだろうか。どのようにしたら思考や欲求や感情は、われわれの手足や声帯を動かすことができるのだろうか。あるいは、逆の質問をすると、どのようにしたら脳の事象はわれわれの心に影響を及ぼすことができるのだろうか。哲学者や心理学者や神経科学者などの思想家が、これらすべてに真剣に取り組んできたのであり、そして現在、七つの主要な心の見方があり、われわれはそのそれぞれをここで検討してきたのである。簡単なあらすじは以下の通りである。

七つの見方を要約すると

われわれが最初に検討した見方は、二元論それ自体の見方であり、物理的世界とは異なるものとしての心であった。心的なものは物理的なものとは区別されると、この見方の支持者たちは受け取っているが、それがどのように区別しうるのかを理解するのは難しい。この見方を支持するひとつの議論は、非物理性が心的現象のまさに本質的な部分であるというものである。しかし、この議論は、物事についてどうみなすかということと、物事がどうなっているかということとを混同している。非物理性は、心性に関するよくある考え方の本質的な部分ではあるものの、この考え方に一致するものは実際には何も存在していないのかもしれない。

二元論を支持するもうひとつの議論は、われわれの自由意志の感覚である。われわれは、自由意志の感覚は、たとえ他のすべてが同じままであったとしても、違った選択ができただろうという感覚のせいであるかもしれないと主張した。しかしながら、これは、同じにしなければならない決定因のすべてを無視していることによる幻想であり、自由の感覚は、因果的知識が限られていることの結果であるかもしれない。われわれの選択は、完全に決まっているものかもしれない（あるいは、偶然を除いて完全に決まっているのかもしれないが、偶然は自由意志にはとうていなりえないだろう）。われわれは、決定論は、二元論者がよく考えているほどには有害ではないとも主張した。われわれは、運命論を避けたり、罰や報酬を正当化したり、社会的、政治的自由の理想を保証したりするために、われわれの選択は決まっていてはいけないわけではないと議論した。

二元論を支持するもうひとつの有望な議論は、人間が心的な作用の中で示すことがある明らかな創造性である。そのような創造性は、単なる物理システムではどのようなものでも達成できないように思われる。しかし、われわれは、人間だけでなく機械もまた新しい産物を創造できる、例えば、新しい音楽を生み出したり新しい数学の定理を証明したりできると反論した。

それに反して、意識は、物理的な用語では扱いがたい問題として残った。意識的経験それ自体が、どのようにしたら物理的なものになりうるのかを説明するのは難しかった。意識的経験のいくつかの側面については、経験された性質の強度、およびそれら性質間の類似性と差異を含めて、神経生理的に説明することができるだろう。しかし、その同じことを、経験された性質それ自体について言うことはできなかった。

次の見方は、話し方としての心であるが、二元論が提示している問題は、心的な言葉の使用の誤解に由来していると考えている。心的な用語が、何か私的で内面的なものを指し示しているとか、行動を生じさせうる何かを指し示しているとかと考えることは間違いである。このような誤解がもたらされるのは、物理的対象について話すのと多少なりとも同じように、感覚や感情やイメージなどについて話すからであり、そして、物理的な原因が行動を説明しているように話すのとちょうど同じように、欲求や興味などが行動を説明しているように話すからである。

例えば、「コーヒーメーカーを持っている」と話すのと同じように、「痛みを持っている」と話す。コーヒーメーカーを持っていることは、別の実体に対する特定の関係、所有という関係にあるということであるが、このように話すことで、痛みも同じように、何か人が「持ち」うる別の実体であると言っていることになる。痛みは明らかに公然の物理的実体ではないので、それで、それは私的な心的な実体ということになるのだろう。しかし、痛みを持っていることは、そもそも別の実体との何らかの関係にあるということではない。むしろ、それは、風邪を持って《ひいて》いるというのに似ている。あなたは、風邪を誰か他の人に譲り渡すことによって、あなたの風邪を取り除くことはできない。あるいは、人は、自分が探している本の「イメージを見る」と話すことで、自分の頭の中でその心的な絵を見ていると言っていることになる。しかし、人は、その本に似た何かを心の目で見ているのではなく、現実の目でその本を見ている自分自身に似ているのである。意識的経験とその性質がこのように難解に思われるのは、ただ単に、それらが物理的な対象や事象の言葉で話されているからである。

そして、落雷を、なぜある家が燃えているかを説明する原因のように話すのと同じように、例えば、欲求や興味が行動を説明しているように話す。しかし、ある特別な講義にある学生が出席しているのを彼女のその話題に対する興味で説明するときには、その行動それ自体とは独立していて、それを生じさせている何かを持ち出しているわけではない。その行動を、特定の話題に向けられる行為のよくあるパターン、例えば、それについて話すとか、それについて読むとか、それについてラジオやテレビ番組のチャンネルに合わせるとかのパターンに当てはめているのである。行動を何か心理的なもので説明することは、その人の内部に潜んでいる原因を指摘することではない。それは、その行動を、よく知っている体系《スキーム》に当てはめることである。

われわれは、心を話し方とみなす見方には思い当たる節があるだろうと支持した。その主張は、われわれは、心的なものを、行動を生じさせうる私的で内面的な何かだと仮定するときに言葉のせいで誤解させられているという点で正しいかもしれない。他方それは、自明だと普通にみなされている多くのものの存在だけでなく、心理学の主題であると思われる多くのものの存在を否定する見方である。

行動としての心という、次の見方の擁護者たちは、心的な用語が行動の私的で内面的な原因を指し示していないという点で、話し方としての心の擁護者たちと一致している。行動としての心の擁護者たちのほとんどは、実際に心的な用語の使用を完全に避けようとしている。彼らの主要な関心は、科学的な心理学を発展させることであり、それは彼らにとっては、心的な概念を含まない行動の科学を意味している。心的なもののない心理学は逆説的に思われるかもしれないが、彼らは、それが科学にとっては必要だと考えている。

行動は、環境刺激への反応として理解される。その反応は、生得的なものか、あるいは、「条件づけ」――その行動者の経歴における特定の事象の随伴性――によって獲得されたもののいずれかとみなされている。この見方の初期のタイプは、条件づけで起こっていることを内面的な過程として説明していたが、現在の擁護者たちのほとんどは、刺激と反応を橋渡しするどのような内面的な原因も考慮する必要がないと考えている。彼らにとっては、条件づけによって刺激が行動の契機になるだけで十分なのである。この見方のタイプはすべて、生得的な行動は例外であるが、ランダムでない行動は、その行動する生体の条件づけの経歴という観点からいつも説明できると主張している。しかし、それは、条件づけによる統制という不穏な情況である。

われわれは、遺伝と偶然を除けば、条件づけは行動を十分に説明するというこの主張に反論した。例えば、誰かの行動を説明しうまく予測するためには、その人が信じていること（心的な概念）を知らなければならないことが多い。そして、誰かが信じていることは、その人が持っている証拠によって多少なりとも決まっているが、それは、この見方には無理な概念である。証拠のためには、自分の信念に事象がどのように関係していて、それらにはどのような関連性があるのかを考慮しなければならない。関連性は、証拠と同じように、知識や認識論の領域の概念であり、行動としての心の擁護者たちが自由にできる道具では入り込むことのできない領域である。

次の見方は、心を頭の中のソフトウェアとみなす見方であるが、心的な用語は、ここでも、行動の私的な原因を指し示してはいないが、それらは内面的な原因を指し示している。このような見方をすると、脳はデジタル・コンピュータとして機能している。心的な用語は、物理的に具体化された記号の活性化を指し示し、そして、これらの記号に対して遂行される演算を指し示していると受け取られている。ある種の神経生理的要素が、そのさらなる性質は特定されていないけれども、記号の機能を果たしている。それらは、標準的なコンピュータとちょうど同じように、規則やプログラムに従って変換されることになる。

それで、チェスの試合で、自分のクイーンが対戦相手のルークに攻撃されていることを認識する過程は、この認識が自分の脳の中で生じていようと、自分のコンピュータの中で生じていようと、本質的に同じ過程として受け取られている。その違いは、特定の物理的物質が関与している点だけである。心的な言葉は、非物理的な何かを指し示しているのではない。それは、脳の中の物理的事象について話すための神経生理的な言葉による具体的な話し方よりも、もっと抽象的な話し方を提供しているにすぎない。その意味では、心をソフトウェアとみなす見方は、実際には、次の章で検討することになる、心を脳とみなす見方の亜種であり、いうなれば、脳がどのように働くかに関してその心が作り出された亜種である。それは、デジタル・コンピュータのように働くのである。

心をソフトウェアとみなす見方は、誤りだと証明されてきたわけではないが、せいぜい心について不完全な説明をもたらすにすぎないと、われわれは考えた。それは、情動や意識などの重要な心的な話題について、それ自体では何も言うことがない。それは、脳の中の記号とされているものが意味を持っているという、もうひとつの重要な話題について説明をしていない。われわれは、ロボットの内部のコンピュータのように、その脳を、外部の環境を感知しそれに反応するシステムに組み込むことが許されれば、その意味が説明できるだろうと言ってきたが、これでは、心を頭の中のソフトウェアとみなすことからはるかに超えたものになってしまう。そして、その見方は、人間がどのようにして問題を解決しているのかを十分に説明できていない。人間は、うまく設計された規則に従う論理機器ならば決してしないような推論の過ちを犯すが、われわれは、論理機器が苦手とする課題が得意である。われわれは、関連のない情報を無視して、関連のある情報に焦点を合わせることができるが、そのやり方は、規則に基づく記号の変換という観点からの説明を拒んでいるように思われる――ここでも再び、関連性の問題なのである。

心を脳とみなす見方は、行動や心理的現象は一般的に神経生理的過程によって説明できると考え、心を脳と同じものとみなしている。心を行動とみなす見方や話し方とみなす見方とは反対に、この見方にとっては、心的事象は現実の内面的事象であるが、ただし、心をソフトウェアとみなす見方と同じように、これらの内面的事象は私的とは受け取られていない。ソフトウェアの見方のように規則に基づく記号の変換を持ち出す代わりに、心を脳とみなす見方による行動の説明は、神経インパルスの伝達と、脳の特定の部位におけるニューラルネットワークの活性化のような神経生理的事象を持ち出す。例えば、以前に遭遇した特定の顔や場所や状況の認識は、それらの顔や場所や状況への事前の接触によって作り上げられた特定のニューラルネットワークの活性化によって説明できるかもしれない。

赤みや痛みや怒りの感情などの意識的経験の性質は、明らかに脳それ自体の性質ではないので、心を脳とみなす見方は支持できないと思い込まれていることが多い。しかしながら、心を話し方とみなす見方の例に倣って、われわれは、この批判に反論して、意識的経験とその性質はそれ自体が実際に存在しているものではないと言った。意識的経験そのものが存在しないのである。人びとは、意識的経験を「持っている」が、それは、彼らがそれとの特定の関係の中にある何か主観的なものを経験しているという意味ではなく、彼らが、特定の状態や条件にあるという意味である。意識的経験を持っているということをこのように理解すれば、脳としての心の擁護者たちの主張は、人びとは、物理的な性質を持つ脳の状態によって、そのような経験を持っているという点で妥当なものになるのである。

一方で、物理的な用語による脳の状態の記述は、心的な言葉が伝えることができることを伝えることができないと議論した。例えば、人びとがバラについて考え、りんごがほしいと思い、蛇を恐れているとき、そして、そのときだけ、すべての人の脳の中で生じているもので、物理的に特定できるものは何もない。「われわれの心の内部」にあるものを表現するためには、われわれは、われわれの脳の外部の何かを指し示さなければならない。心的な言葉にはそれができるのである。

科学的構成概念としての心の擁護者たちは、行動としての心の擁護者たちと同じように、行動を説明する心理科学の発展を追究している。しかし、後者の擁護者たちと異なり、彼らは、刺激と反応と条件づけの用語でこれができるとは考えていない。むしろ、彼らは、認知や態度や情動など、ずらりと並んだ多くの心的概念に言及することが必要だと考えている。そのような概念が現実の何かを指し示すかどうか、そして、そうであればそれは何かというようなことは、彼らのほとんどはほとんど関心を持っていない。彼らは、これらの心的概念を、操作的に定義でき、実証的に研究できる理論的構成概念と受け取って、そして彼らはその研究に集中するのである。

われわれは、認知や態度や情動が操作的に定義できるという考え、そして、それらに関する研究から有益な情報を得ることができるという考えを弁護した。しかし、この擁護者たちは、これらの心的な状態や事象が行動に影響を及ぼす方法を支配している法則的原理を実証的に発見できると言うかもしれないが、われわれは、これはできないと議論した。それは、行動の因果的決定があまりにも複雑だという理由や、特定できる原理がないという理由ではない。われわれは、特定の心的な状態と事象は確かに特定の効果を生み出す傾向があると信じている。しかし、われわれは、それらの効果は、まさにこれらの状態や事象がどのように理解され特定されるかに内在していると考えている。その原理は、その概念それ自体に組み込まれており、とても中心的なので、実証的研究に対して免疫があるのである。われわれの意見では、そのような効果に関する唯一の妥当な法則的原理は、反証不可能なものである――いかなるデータも、それらが正しいというよりも間違っていそうだということを示すことができない。しかしながら、ここでも依然としてある種の科学たりえるのは、法則的原理を扱うというよりはむしろ、現実への応用や効果の強度を扱うような実証的研究について、その章で説明した通りである。

われわれはやっと、社会的構成概念としての心という、最後の見方に到着する。この見方は、心を話し方とみなす見方や行動とみなす見方と同じように、欲求や認知や感情などに関して話すことは、行動の内面的原因を指し示してはいないと考えている。しかし、それはさらに進んでいる。つまり、それは、そのように話すことは、独立した現実をまったく反映していないと考えている。誰かが望んでいたり信じていたり価値を置いていたりするものに関する言明は、他の人の場合でも自分自身の場合でも、実証的には正当化できない。これらの言明は解釈であり、解釈は必ず仮定によって決まり、そして、さまざまな社会的、歴史的集団がさまざまな仮定をしている。解釈は、慣習の作用にすぎない。ある解釈が、別の解釈よりもより正当であるということなどない。というのは、解釈を決める仮定は、さらなる仮定によってしか正当化できないからである。慣習を超える根拠はない。この見方を普及させることは、さらなる社会的正義に役立つと考えられることがあるが、かりに慣習それ自体が究極的な権威者であり、変化のための唯一の根拠であれば、そんなことがありうるだろうか。

われわれは、心理的解釈にはいつも仮定が必要だということ、そして、いかなる仮定も必ずしも正しいとはいえないということに同意した。しかし、仮定は、そしてそれゆえ解釈は、慣習だけによって正当化されるわけではないと議論した。人びとは例外なく、少なくともある程度は一貫性を目指している。つまり、彼らの信念のシステムの変化を最小限にしながら、世界との遭遇をより適切に説明するように信念を修正していくことによって、そのシステムの中の調和を目指している。人びとは、より大きな一貫性をもたらす仮定や解釈を、より確からしいとする。彼らは、慣習に従っているだけではないのである。

問題に戻ると

さて、われわれの最初の問題に戻ろう。われわれの思考や欲求や感情やイメージなど、われわれの意識的経験のすべては、物質的な物事の公的な領域とはまったく異なる私的な領域に属していると思われる。しかし、物理科学がわれわれに教えてくれるのは、物理的世界の中にあるものは、その世界の中にある他の実体だけの影響を受け、それらだけに影響を与えることができる、そしてこれらはすべて公的であるということである。それで、もしそれが事実であれば、どのようにしたら、思考や欲求などわれわれの意識的経験のすべてが、われわれの脳、そしてそれゆえわれわれの身体の動きに影響を及ぼすことができるのだろうか。そして、どのようにしたら、脳の中の事象は、われわれの思考や欲求に影響を及ぼすことができるのだろうか。

この問題は、思考や欲求や感情やイメージが私的な内面的対象として、客観的な物理的世界とはまったく別の主観的な実体として理解されている限り、解決不可能に思われる。われわれがちょうど終えたばかりの心の見方の周航が終わり、ここで、われわれが辿り着いた結論である。

主観的な実体はなく、ただ客観的で物理的な実体が存在するだけである。第五章のイライラした猫飼いのハリーを思い出してほしい。ハリーが一匹のオレンジ色の猫を見ているとき、主観的な猫や主観的なオレンジ色はなく、ハリーの目に対してある特定の光を反射する一匹の物理的な猫だけがいて、それが一匹のオレンジ色の猫を表す脳の過程をもたらしているのである。そして、後で一匹の小さな犬だと判明することになるが、ハリーが遠くに一匹の猫を見ていると思っているときには、やはり主観的な猫はおらず、一匹の客観的な犬がいて、ハリーの中で一匹の猫によって始まるのと似た脳の過程を始めさせているだけである。

心を話し方とみなす見方や社会的構成概念とみなす見方が主張しているように、「イメージ」や「思考」や「欲求」や「感情」を、心の私的な領域の実体を指し示しているように思うのは、言葉のせいで誤解させられているのである。イメージや思考などを持っているということを否定する必要はなく、それらを「持っている」ということは、ある特定の対象を所有しているということではなく、ある特定の状態にあるということだと認めるだけでよい。心的な用語は、人びとがそうなっている状態を指し示しているのであり、人びとが所有している主観的実体を指し示しているのではない。誰かが一匹の猫のイメージを持っているとか、誰かが雨が降りそうだと思っているとか、誰かがりんごをほしがっているとか、誰かが感謝の気持ちを持っているとかと言うことは、その人が主観的な実体や対象（イメージ、思考、欲求、感情）とのある関係にあると言っているのではなく、その人がある状態にあると言っているのである。

それで、次の質問は、そのような状態とはどのように理解すればよいのかということになる。心を脳とみなす見方が示唆しているように、それらを物理的なものとして理解することができなければ、その問題は依然としてそのままである。とはいっても、さまざまな人びとの脳の詳細な神経構造には多様性があるので、物理的な用語での脳の状態の記述では、心的状態をお互いに十分には区別しないだろう。例えば、猫を想像していることを他の動物を想像していることから、猫をペットにほしがっていることを他の動物をペットにほしがっていることから、猫がねずみを追いかけていると考えるのを他の動物がねずみを追いかけていると考えることから区別するためには、猫を参照しなければならないが、さまざまな人びとの脳の中で何が猫を表していようと、それらを物理的な用語で記述できるもので、特別に共通しているものは何も必要ないのである。

しかしながら、こうだからといって、そのような状態が、とにもかくにも、非物理的なものだと言っているわけではない。われわれは、心を頭の中のソフトウェアとみなす見方に、心的過程は規則に支配された記号の変換から構成されているという点では同意していないが、心的状態について話すことは何か非物理的なものについて話していることではなく、むしろ物理的なものについて異なる方法で話していることであるという点では同意している。人びとが何かを想像している、何かを望んでいる、何かを考えている、何かを感じていると話すことは、彼らを特定の状態にあるものとして単に分類することであると、われわれは考えている。そのような心的状態にあるそれぞれの人の脳は、その人の身体の物理的な動き（その人がイメージや欲求などを持っていると話すときの口の動きも含めて）を説明できる完全に物理的な状態である。しかし、たいていその状態は、同じ心的状態にある他のすべての人の脳に特別に共通する物理的なものを持っていないだけである。

　こうだからといって、ある心的状態については、その心的状態にあるすべての人を、その心的状態にないすべての人から区別するような物理的なものが人びとの脳にあるかもしれないということを否定するわけではない。しかし、例えば、すべての人が同じ物事を考えたり欲したり怖がったりしているとき、そしてそのときだけ、そのすべての人の脳に共通する、物理的に記述できる出来事はないだろう。物理的に記述できる脳の状態は、特定の心的状態にある人びとが特別に共通していつも持っているものではないのである。

　それでは、それらは何を特別に共通して確かに持っているのだろうか。心を行動とみなす見方の擁護者たちが、かりにも心的状態に関して話すことを容認しようとするときには、その答えは、行動への傾向性《ディスポジション》だと言うだろう。しかし、人びとはある特定の心的状態にあるとき、ある行動を遂行するように傾くが、同時に他の心的状態にもあり、典型的にはその行動は、これによって決まるのである。例えば、ある特定の事象が生じることを望んでいる人の行動の傾向性は、その事象の生起を実際に促進するような行動を遂行する傾向性ではなく、そうするだろうとその人が信じている行動を遂行する傾向性である。

心的状態の分類は、物理的に記述できる脳の状態とも異なり、そして行動への傾向性とも異なる基礎を持っていると、われわれは提案する。われわれが第六章で議論した、反証不可能な自明の原理のようなものを思い出してほしい。人びとは自分が望むことをもたらすと思っていることをする傾向があるとか、人びとは、自分の他の信念と一致することを信じる傾向があるとか、人びとは、自分が望む（望まない）ことがその通りである、あるいはその通りになりそうと思っているときには、正（負）の感情になる傾向があるとかといった自明の原理が、それに当たる、ないしはそれに当たりそうである。ある特定の心的状態にある人びとが特別に共通して持っているものは、そのような自明の原理がその状態にある人びとに当てはまると言っているものが、彼らに当てはまるということである。誰かがある特定の心的状態にあると人が言うときにしていることは、その自明の原理が特定している点について、その誰かをその状態にある他のどんな人とも似ていると分類することである。もしあなたが、アルバートはテニスを上達させたがっていると言えば、アルバートには、テニスの上達をもたらすと思っている活動を行なう傾向や、上達させていると思えば喜ぶ傾向があるという趣旨のことを、あなたは本質的に言っていることになる。

心を社会的構成概念とみなす見方が強調していたように、ある人がある特定の心的状態にあると判断するための決定的な基準はない。しかし、心を科学的構成概念とみなす見方の擁護者たちがよく主張していたように、心的状態の推察は実証的に支持できるのである。ある人が特定の心的状態にあることと一貫する観察結果によって、われわれがその人がその状態にあると判断することや、われわれがそれに一致したさらなる行動を予測することが正当化できる。他の情報がないところで、もしわれわれが、アルバートがテニスのレッスンを始めたと聞けば、彼はテニスを上達させたがっており、腕前を上げるだろうと、われわれが考えることは正当化されるだろう。

要約すると、欲求やイメージや感情や思考を持っていることは、それがどんなものであれ主観的な何かを（比喩的な意味以外では）所有したり、保有したり、持っていたりすることではない。感情も思考も非物理的な何かも、人びとの頭の内部にも他のどこにも居座ってはいない。正しく言えば、欲求やイメージや感情や思考を持っていることは、ある特定の心的状態にあるということである。ある特定の心的状態にあるということは、ある人の脳をある特定の物理的状態にすることではない。ある特定の心的状態にあるということは、反証不可能な自明の原理が、そういう状態にある人びとに当てはまると言っているものが、あなたにも当てはまるということである。これは、それぞれの人の中で（物理的に同一ではないが）完全に物理的な脳の過程によって生じる。例えば、テニスを上達させたがっているすべての人びとの脳は、彼らがその上達をもたらすと思っていることをしたり、彼らが上達していると思うときに喜んだりする傾向をもたらすのである。

心的概念は、心という独立した領域を指し示しているわけではない。それらはまた、物理的特徴を持つ脳の状態を指し示しているわけでもない。心的概念は、分類用の概念であり、それによって、われわれは、特定の時点で人びとをカテゴリーやグループに割り当てることができるが、それに基づいて、われわれは人びとを理解したり彼らが将来どう行動するかを予測したりすることが多い。ある心的状態にあるすべての人は、反証不可能な自明の原理が特定している点について、その状態にある他のすべての人と似ている。これらの分類は、物理的な用語だけを使ってもできない。そのカテゴリーには物理的な名前はなく、心的な名前があるが、その心的な名前は、非物理的な何かを指し示しているわけではない。

そして、それが、われわれが考えている、最初に提示した問題に対する答えである。信念や痛みや望むことや想像することなどを説明するために、非物理的な何かに頼る必要はない。二元論者たちは、心的概念は取り替えがきかないという点では正しいが、物理的世界とは別の心的な領域があるという点では誤っている。

二元論なしでやっていく

多くの人びとは、二元論を否定することをつらく思っているが、彼らは、二元論が、物理的なものと物理的でないものとの間の相互作用に関して諸問題が生じることには気づいているかもしれない。しかし、彼らは、何か物理的な世界を超えたものの存在が、人生に意味があり、われわれの思考や欲求が重要であり、われわれの選択が違いを生み出すといった感覚にとって極めて大切であると考えている。彼らは尋ねるだろう。もし物理的世界がそこにあるすべてのものなら、情熱や努力は、価値は、道徳性は、どうなるのだろうかと。われわれの存在は、棒切れや石ころの存在ほどの意味しか持たないのだろうかと。

宗教などの文化的な力が長らく育んできた信念は、われわれが最も大切に思うすべてのものを含むもうひとつの非物理的な領域、われわれの選択とわれわれの行為を決める心や魂や精神に関わる領域があるというものである。それで、この領域を、比喩的な存在にすぎないとして否定すれば、われわれがこれほど大切に支えてきたこれらすべてのことが非現実であり、単なる幻想であると言っていることになる。しかしながら、これは、そもそも、それらが物質的な世界とはまったく別の範囲に属していると、そして、われわれ自身は本質的には非物質的な魂や精神であると仮定するからそうなる話である。このように言って二元論を否定することは、価値や意味はどこ（あるいは何）に由来するのか、われわれの自然とは本当は何かという質問を投げ掛けることである。

われわれが考えているように、われわれは、そしてわれわれの選択も同じように、物理的世界の一部である。われわれ一人ひとりはまったく驚異の物理的存在である。われわれの脳は、われわれの銀河系の星の数よりも多いニューロンの、信じられないほど複雑なネットワークからできている。これらのネットワークの入り組んだシステムは、われわれの身体の他の部分と連動して働いて、赤ちゃんの泣き声のような基本的なことから、シューベルトのソナタのような複雑なものまで、それらに対する反応をわれわれにもたらす。そして、それらによって、われわれはその赤ちゃんをなだめたり、（しっかり練習すれば）その音楽を奏でたりできるのである。人びとは目標を持っている。人びとはある目的を達したがっている。そして、誰かが何かを望むとき、その人の脳は、何らかの特定の物理的状態にある。同じことを望んでいる人びとの脳に、そしてその人びとだけの脳に共通するもので、物理的な用語で記述できるものは何も必要ないが、欲求や希望は、それぞれの人の脳の中では完全に実際に物理的に実体化されているものである。これらの物理的に具象化された欲求によって、われわれが何を選んでするかが決まるのであり、そして、一般的に認められているように、それらがわれわれ自身やわれわれの当面の立場を超えているときには特に、それらによって、人生の意味や価値や意義がもたらされるのである。このように、非物理的な領域を否定しても、価値や選択や意味の現実性を否定することにはならないのである。

二元論の否定は、人びとが好んで支持する信念のすべてと折り合いがつくわけではないかもしれない。しかし、われわれが示してきた絵は、二元論の否定の後に残されるとしばしば受け取られている荒涼と無意味の色合いを確かに避けていると、われわれは思う。

締めくくりに

締めくくりのようなものとして、われわれが注目してきたさまざまな問題にもかかわらず、本書の七つの見方のそれぞれが正しいと思われる本質的な主張をしている点に留意してもよいだろう。心を物理的世界と異なるものとみなす見方は、心的な言葉が重要で取り替えがきかないという点で正しいと思われる。心を話し方とみなす見方は、心的な用語が私的で内面的な実体や行動の隠れた原因を指し示しているのではないという点で正しいと思われる。心を行動とみなす見方は、行動が、その行為者の現在の状況と過去の経歴によって決まるという点で正しいと思われる。心をソフトウェアとみなす見方は、心的な言葉は非物理的な何かに関するものではなく、物理的な何かに関する異なる話し方であるという点で正しいと思われる。心を脳とみなす見方は、人びとの脳の特定の物理的状態によって彼らが特定の心的状態にあるという点で正しいと思われる。心を科学的構成概念とみなす見方は、認知や態度や情動が操作的に定義でき、研究できるという点で正しいと思われる。心を社会的構成概念とみなす見方は、特定の行動はいつも別の解釈の仕方が可能であり、すべての解釈は仮定に頼っているという点で正しいと思われる。これらの主張は、本書が取り組んできた問題に対するわれわれの答えを作り出すさいにわれわれが利用した積み木となった。それは、非物理的なものを持ち出すことなく心的概念を承認し、評価し、説明することができる答えになっていると、われわれは信じている。

われわれの借りは明らかである。七つの見方のそれぞれが心理学や哲学や神経科学に現れていなければ、われわれは、ここで提案した結論には到達しなかっただろう。もちろん、この結論が、この主題に関して書かれるべき最後の言葉でないのは明らかである。

訳者あとがき

心理学を担当する一教員として学生や大学院生と議論をするさい、また、一研究者として他の研究者と議論をするさい、その議論が詳細になっていくにつれて、なにか議論が噛み合わないというじれったさを感じたり、最後まで相手の言うことがどこか腑に落ちない、自分の言うことが相手に伝わったという確信が持てないというもどかしさを感じたりすることが多かった。このような経験は、とくに、大学に入学して間もない初学者や、他の大学を卒業してきた大学院生や、心理学の世界に限らず専門を少し異にする研究者と議論をするさいに多かった。そういうときに本書に出会い紐解いて、そう感じてきたのも無理はない、なぜなら、それぞれの当事者が暗黙裡に仮定し、そして自分の議論を組み立てるさいに前提としている「心」というものについての考え方、見方が当事者間で根底から異なっていたのだから、ということが分かるようになった。これを契機にして、「心」についての自分自身の見方を自覚、相対化し、それを相手に明確に示すことによって、また、相手の見方を知ろうと努力することによって、それでも議論自体はあいかわらず平行線を辿ることが多いけれども、それが原因でじれったさやもどかしさを感じるということは少なくなってきた。

本書は、このようなじれったさやもどかしさを共有したことがあり、今でも共有している心理学の学生や大学院生や教員のために書かれた「心の哲学」の入門書である。著者のリーサ・ウォラックとマイケル・ウォラックは、本書で心についての七つの異なる見方を紹介している。まず、物理的世界とは異なるものとしての心というデカルト的な二元論を紹介しながら、その見方の問題点を明らかにしていく中で、ここ一世紀の心理学の歴史の中で次々と現れてきた非二元論的な六つの見方を、心身関係の問題を軸としながら、それぞれの見方の利点とともに問題点をも指摘しながら紹介している。それらは、話し方としての心、行動としての心、頭の中のソフトウェアとしての心、脳としての心、科学的構成概念としての心、社会的構成概念としての心である。これらの見方は、古い見方が新しい見方にとってかわられることなく、また、お互いに融合することもなく、それぞれの見方がその利点ゆえに併存・共存しているのが、現代の心理学、さらには神経科学や哲学を含む、この学問領域の状態である。

七つの見方は、それぞれがそれぞれの方法で「心」というものを説明しようとしていようと、あるいは、話し方や行動や習慣を持ち出して「心」というものをすべてなくしてしまおうとしていようとも、そのいずれにしても「心」という考え方がなければ、どの見方もやっていけないことを示している。どの見方でも、「心」という概念は、自分たちの議論を推し進めるための直接の原動力として、また、自分たちの見方を鍛えるための試金石として役に立っている。このような「心」についてウォラック夫妻が到達した結論は、七つの見方を総合した八つ目の見方を提案していると言ってよいであろう。「心」を、非物質的な何かではなく、また、特定の物質的な何かでもない、ある心的状態を異なる心的状態と区別し、同じ心的状態であればそれらを同じであると分類するためのカテゴリー、グループ、ないしは名前とみなす見方である。この結論が暫定的なものであることは著者も強調しているが、この八つ目の見方が、今後の批判や議論を通して、どう評価され、改訂され、精緻化されていくのか、一読者としてとても楽しみにしている。

本書は、コンパクトな読み物として、心理学の学生や大学院生に話しかけるように書かれている。そのために、読者諸兄姉の中には物足りなさを感じた方も多いであろう。本書の七つの見方についての議論は、心身問題を軸にして展開され、本書の結論となる八つ目の見方としても「二元論なし」の見方が提案されている。その議論には、ユダヤ・キリスト教的な一神教的伝統が通底しており、たとえば、異なる文化や伝統の中での心の見方を扱っていなかったり、現象学や最近の「身体化された認知」(embodied cognition) などの議論にも踏み込んでいなかったりする。しかし、それは本書が初学者向けの入門書として書かれたためである。本邦でも「心の哲学」について詳細で最新の議論を展開した良書が数多く出版されている。本書を紐解き、物足りなさを感じられた方は是非に読み進められたい。

本書の訳出にあたっては、できるだけ原文の雰囲気を忠実に再現するよう心掛けた。実証的な心理学を専攻し、直線的な議論で構成されるような科学技術論文に親しんでくると、本書のような哲学的な独特の言い回しは難解に思われるかもしれないが、その論理的で厳密な議論を楽しんでいただければ幸いである。本書の随所に散りばめられたユーモアも、できるだけ再現しようと心掛けた。訳者の無粋と無能のせいで、本書の親しみやすさが損なわれていないよう祈りたい。本書は心理学を専攻する学生や大学院生を対象にして心理学者によって書かれ、訳者も心理学の専攻である。「心の哲学」

の専門家からすれば不十分な点や問題点も多くあるかもしれない。是非にお教えを乞いたいきもちである。

最後に新曜社の森光佑有氏に感謝を申し上げたい。森光氏は、一字一句、すべての原文と翻訳に目を通してくださり、その丁寧で緻密な校正の過程で、私の過ちや至らない点をご指摘くださり、この翻訳をできるだけ誤りの少ないものに、また少しでも読みやすいものに仕上げるのにご貢献くださった。

二〇一六年九月

訳　者

訳者紹介

岡　隆（おか　たかし）

日本大学文理学部教授。1988年、東京大学大学院社会学研究科博士後期課程単位取得満期退学。博士（社会学）。専門は社会心理学。著訳書は『ザ・ソーシャル・アニマル：人と世界を読み解く社会心理学への招待（第11版）』（訳・サイエンス社）、『心理学研究法：心を見つめる科学のまなざし』（共著・有斐閣）、『心理学研究法5　社会』（編著・誠信書房）、『社会的認知研究のパースペクティブ：心と社会のインターフェイス』（編著・培風館）、『心理学概説：心理学のエッセンスを学ぶ』（分担執筆・啓明出版）、『社会心理学概論』（分担執筆・ナカニシヤ出版）など。

新曜社

心の七つの見方

初版第1刷発行　2016年11月1日

著　者　リーサ・ウォラック
　　　　マイケル・ウォラック
訳　者　岡　隆
発行者　塩浦　暲
発行所　株式会社 新曜社
〒101-0051 東京都千代田区神田神保町3-9
電話(03)3264-4973㈹・Fax(03)3239-2958
E-Mail: info@shin-yo-sha.co.jp
URL: http://www.shin-yo-sha.co.jp
印　刷　新日本印刷
製　本　イマヰ製本所

 ISBN978-4-7885-1478-2 C1011

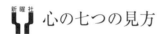

人名索引

◆ま　行

◆ら　行

◆わ　行

事項索引

◆さ　行

◆た　行

◆な　行

◆は　行

◆ま　行

引用文献

Anderson, N. B. (Ed.). (2009). Obedience — then and now [Special issue]. *American Psychologist, 64*, 1-45.

Austin, J. L. (1965). *How to do things with words*. Cambridge, MA: Harvard University Press. ［J. L. オースティン／坂本百大（訳）（1978）『言語と行為』大修館書店］

Baars, B. J. (2002). The conscious access hypothesis: Origins and recent evidence. *Trends in Cognitive Sciences, 6*, 47-52.

Baker, G. P., & Hacker, P. M. S. (1980). *Wittgenstein: Understanding and meaning*. Oxford, England: Blackwell.

Baker, G. P., & Hacker, P. M. S. (1985). *Wittgenstein: Rules, grammar and necessity*. Oxford, England: Blackwell.

Bandura, A. (1997). *Self-efficacy: The exercise of control*. New York: Freeman.

Barnes, B., Bloor, D., & Henry, J. (1996). *Scientific knowledge: A sociological analysis*. Chicago, IL: University of Chicago Press.

Bechtel, W., & Abrahamsen, A. (2002). *Connectionism and the mind: Parallel processing, dynamics, and evolution in networks*(2nd ed.). Oxford, England: Blackwell.

Bem, D. J. (2011). Feeling the future: Experimental evidence for anomalous retroactive influences on cognition and affect. *Journal of Personality and Social Psychology, 100*, 407-425.

Bem, D. J., & Honorton, C. (1994). Does Psi exist? Replicable evidence for an anomalous process of information transfer. *Psychological Bulletin, 115*, 4-18.

Berger, P. L., & Luckmann, T. (1966). *The social construction of reality*. New York: Doubleday. ［P. L. バーガー，T. ルックマン／山口節郎（訳）（1977）『日常世界の構成：アイデンティティと社会の弁証法』新曜社］

Bjork, D. W. (1993). *B. F. Skinner: A life*. New York: Basic Books.

Blass, T. (2004). *The man who shocked the world: The life and legacy of Stanley Milgram*. New York: Basic Books. ［T. ブラス／野島久雄，藍澤美紀（訳）（2008）『服従実験とは何だったのか：スタンレー・ミルグラムの生涯と遺産』誠信書房］

Blum, K., Cull, J. G., Braverman, E. R., & Comings, D. E. (1996). Reward deficiency syndrome. *American Scientist, 84*, 132-146.

Boden, M. A. (1999). Computer models of creativity. In R. J. Sternberg (Ed.), *Handbook of creativity* (pp.351-372). Cambridge, England: Cambridge Univer-

sity Press.
Boden, M. A. (2004). *The creative mind: Myths and mechanisms*(2ed ed.). London: Routledge.
Braithwaite, R. B. (1960). *Scientific explanation: A study of the function of theory, probability and law in science*. New York: Harper.
Breasted, J. H. (1930). *The Edwin Smith surgical papyrus*. Chicago, IL: University of Chicago Press.
Brehm, S. S., Kassin, S., & Fein, S. (2005). *Social psychology* (6th ed.). Boston, MA: Houghton Mifflin.
Broca, P. (1960). Remarks on the seat of the faculty of articulate language, followed by an observation of aphemia. In G. von Bonin (Trans.), *Some papers on the cerebral cortex*(pp.49-72). Springfield, IL: Thomas. (Original work published 1861)
Capen, N. (1835). Biography of Dr. Gall. In F. J. Gall, *On the functions of the brain and of each of its parts*(Vol.1, W. Lewis, Trans., pp.2-52). Boston, MA: Marsh, Capen, & Lyon. (Introductory essay by the editor)
Carnap, R. (1956). The methodological character of theoretical concepts. In H. Feigl & M. Scriven(Eds.), *Minnesota studies in the philosophy of science: Vol. 1. The foundations of science and the concepts of psychology and psychoanalysis*(pp.38-76). Minneapolis: University of Minnesota Press.
Cerutti, D. T. (2002). Reinforcement, reward, and punishment. In V. S. Ramachandran(Ed.), *Encyclopedia of the human brain* (Vol.4, pp.185-207). San Diego, CA: Academic Press.
Churchland, P. M. (1995). *The engine of reason, the seat of the soul*. Cambridge, MA: MIT Press.［P. M. チャーチランド／信原幸弘，宮島昭二（訳）（1997）『認知哲学：脳科学から心の哲学へ』産業図書］
Churchland, P. S. (2002). *Brain-wise: Studies in neurophilosophy*. Cambridge, MA: MIT Press.
Clark, A. (2001). *Mindware: An introduction to the philosophy of cognitive science*. New York: Oxford University Press.
Copeland, J. (1993). *Artificial intelligence: A philosophical introduction*. Oxford, England: Blackwell.
Coulter, J. (1979). *The social construction of mind*. Totowa, NJ: Rowan & Littlefield.［J. クルター／西阪仰（訳）（1998）『心の社会的構成：ヴィトゲンシュタイン派エスノメソドロジーの視点』新曜社］
Crick, F., & Koch, C. (2003). A framework for consciousness. *Nature Neuroscience, 6*, 119-126.

Curd, M., & Cover, J. A. (Eds.). (1998). *Philosophy of science: The central issues*. New York: Norton.

Damasio, A. R. (1994). *Descartes' error: Emotion, reason, and the human brain*. New York: Avon Books.［A．R．ダマシオ／田中三彦（訳）（2000）『生存する脳：心と脳と身体の神秘』講談社］

Dehaene, S. (Ed.). (2001). The cognitive neuroscience of consciousness [Special issue]. *Cognition, 79*, 1-237.

Dennett, D. C. (1978). Skinner skinned. In *Brainstorms*(pp.53-70). Montgomery, VT: Bradford.

Dennett, D. C. (1987). Cognitive wheels: The frame problem of AI. In Z. W. Pylyshyn (Ed.), *The robot's dilemma: The frame problem in artificial intelligence* (pp.41-64). Norwood, NJ: Ablex.

Descartes, R. (1951). *A discourse on method, and selected writings*. New York: Dutton. (Original work published 1637)

Diamond, J. (2005a). *Guns, germs and steel: The fates of human societies*. New York: Norton.［J．ダイアモンド／倉骨彰（訳）（2012）『銃・病原菌・鉄　上巻・下巻』草思社］

Diamond, J. (2005b). *Collapse: How societies choose to fail or succeed*. New York: Viking.［J．ダイアモンド／楡井浩一（訳）（2012）『文明崩壊：滅亡と存続の命運を分けるもの　上巻・下巻』草思社］

Doyle, A. C. (1958). The Boscombe Valley mystery. In *Famous tales of Sherlock Holmes*(pp.283-307). New York: Dodd, Mead. (Original work published 1891)

Dreyfus, H. L. (1992). *What computers still can't do: A critique of artificial reason*. Cambridge, MA: MIT Press.

Dreyfus, H. L., & Dreyfus, S. E. (1986). *Mind over machine: The power of human intuition and expertise in the era of the computer*. New York: Free Press.［H．L．ドレイファス，S．E．ドレイファス／椋田直子（訳）（1987）『純粋人工知能批判：コンピュータは思考を獲得できるか』アスキー］

Edwards, D., & Potter, J. (1992). *Discursive psychology*. London: Sage.

Edwards, D,, & Potter, J. (2005). Discursive psychology, mental states, and descriptions. In H. te Molder & J. Potter (Eds.), *Conversation and cognition* (pp.241-259). Cambridge, England: Cambridge University Press.

Eisenberger, R., & Cameron, J. (1996). Detrimental effects of reward: Reality or myth? *American Psychologist, 51*, 1153-1166.

Eysenck, M. W., & Keane, M. (2000). *Cognitive psychology*. Philadelphia, PA: Taylor & Francis.

Feyerabend, P. (1975). *Against method*. Atlantic Highlands, NJ: Humanities Press.

［P. K. ファイヤアーベント／村上陽一郎，渡辺博（訳）（1981）『方法への挑戦：科学的創造と知のアナーキズム』新曜社］
Finger, S. (2000). *Minds behind the brain: A history of the pioneers and their discoveries*. New York: Oxford University Press.
Fish, J. M. (Ed.). (2002). *Race and intelligence: Separating science from myth*. Mahwah, NJ: Erlbaum.
Flanagan, O. (2002). *The problem of the soul*. New York: Basic Books.
Flora, S. R. (2004). *The power of reinforcement*. Albany, NY: SUNY Press.
Flourens, P. (1842). *Recherches expérimentales sur les propriétés et les fonctions du système nerveux dans les animaux vertébrés* [Experimental research on the properties and functions of the nervous system in vertebrates]. Paris: J.-B. Baillière. (Original work published 1824)
Fodor, J. A. (1975). *The language of thought*. New York: Crowell.
Fodor, J. A. (1981). *Representations: Philosophical essays on the foundations of cognitive science*. Cambridge, MA: MIT Press.
Ford, K. M., & Pylyshyn, Z. W. (Eds.). (1996). *The robot's dilemma revisited: The frame problem in artificial intelligence*. Norwood, NJ: Ablex.
Foucault, M. (1980). *Power/knowledge: Selected interviews and other writings 1972-1977* (C. Gordon, Ed.; C. Gordon, L. Marshall, J. Mepham, & K. Soper, Trans.). New York: Pantheon.
Fritsch, G., & Hitzig, E. (1870). Über die elektrische Erregbarkeit des Grosshirns [About the electrical excitability of the cerebrum]. *Archiv für Anatomie, Physiologie und Wissenschaftliche Medicin*[Archive for Anatomy, Physiology and Scientific Medicine], 3.
Gadamer, H.-G. (1975). *Truth and method*. New York: Seabury Press.
Gall, F. J. (1835). *On the functions of the brain and of each of its parts*(6 vols.). (W. Lewis, Trans.). Boston, MA: Marsh, Capen, & Lyon.
Gallup, G. G., Jr., Frederick, M. J., & Pipitone, R. N. (2008). Morphology and behavior: Phrenology revisited. *Review of General Psychology, 12*, 297-304.
Gergen, K. J. (1973). Social psychology as history. *Journal of Personality and Social Psychology, 26*, 309-320.
Gergen, K. J. (1987). The language of psychological understanding. In H. J. Stam, T. B. Rogers, & K. J. Gergen (Eds.), *The analysis of psychological theory: Metapsychological perspectives*(pp.115-129). New York: Hemisphere.
Gergen, K. J. (1994a). *Toward transformation in social knowledge*(2nd ed.). Thousand Oaks, CA: Sage. (Original work published 1982)［K. J. ガーゲン／杉万俊夫，矢守克也，渥美公秀（監訳）（1998）『もう一つの社会心理

学：社会行動学の転換に向けて』ナカニシヤ出版]

Gergen, K. J. (1994b). *Realities and relationships*. Cambridge, MA: Harvard University Press. ［K．J．ガーゲン／永田素彦，深尾誠（訳）（2004）『社会構成主義の理論と実践：関係性が現実をつくる』ナカニシヤ出版］

Gergen, K. J. (1999). *An invitation to social construction*. Thousand Oaks, CA: Sage. ［K．J．ガーゲン／東村知子（訳）（2004）『あなたへの社会構成主義』ナカニシヤ出版］

Gibson, J. J. (1979). *The ecological approach to visual perception*. Boston, MA: Houghton Mifflin. ［J．J．ギブソン／古崎敬ほか（訳）（1985）『生態学的視覚論：ヒトの知覚世界を探る』サイエンス社］

Godfrey-Smith, P. (2003). *Theory and reality: An introduction to the philosophy of science*. Chicago, IL: University of Chicago Press.

Gomes, G. (1998). The timing of conscious experience: A critical review and reinterpretation of Libet's research. *Consciousness and Cognition, 7*, 559-595.

Gross, C. G. (1998). *Brain, vision, memory: Tales in the history of neuroscience*. Cambridge, MA: MIT Press.

Guttenplan, S. (1995). An essay on mind. In S. Guttenplan (Ed.), *Companion to the philosophy of mind*(pp.1-107). Oxford, England: Blackwell.

Haack, S. (2003). *Defending science — Within reason: Between scientism and cynicism*. Amherst, NY: Prometheus.

Hacker, P. M. S. (1990). *Wittgenstein: Meaning and mind*. Oxford, England: Blackwell.

Hacker, P. M. S. (1996a). *Wittgenstein: Mind and will*. Oxford, England: Blackwell.

Hacker, P. M. S. (1996b). *Wittgenstein's place in twentieth-century analytic philosophy*. Oxford, England: Blackwell.

Hadamard, J. (1945). *An essay on the psychology of invention in the mathematical field*. Princeton, NJ: Princeton University Press. ［J．アダマール／伏見康治，尾崎辰之助，大塚益比古（訳）（1990）『数学における発明の心理』みすず書房］

Hanson, N. R. (1965). *Patterns of discovery*. Cambridge, England: Cambridge University Press. ［N．R．ハンソン／村上陽一郎（訳）（1971）『科学理論はいかにして生まれるか：事実から→原理へ』講談社］

Hardin, C. L. (1988). *Color for philosophers*. Indianapolis, IN: Hackett.

Higgins, E. T., & Kruglanski, A. W. (Eds.). (1996). *Social psychology: Handbook of basic principles*. New York: Guilford.

Hippocrates (1950). *The medical works of Hippocrates*(J. Chadwick & W. N. Mann, Trans.). Oxford, England: Blackwell. (Original work undated)

Hughes, H. C. (1999). *Sensory exotica: A world beyond human experience*. Cambridge, MA: MIT Press.

Hull, C. L. (1943). *Principles of behavior*. New York: Appleton-Century-Crofts. ［C．L．ハル／能見義博，岡本栄一（訳）（1960）『行動の原理』誠信書房］

Hyman, R. (1989). *The elusive quarry: A scientific appraisal of psychical research*. Buffalo, NY: Prometheus.

James, W. (1890). *The principles of psychology*. New York: Holt.

Johnson-Laird, P. N. (1988). *The computer and the mind: An introduction to cognitive science*. Cambridge, MA: Harvard University Press. ［P．ジョンソン＝レアード／海保博之ほか（訳）（1989）『心のシミュレーション：ジョンソン＝レアードの認知科学入門』新曜社］

Kanwisher, N. (2001). Neural events and perceptual awareness. *Cognition, 79*, 89-113.

Knorr-Cetina, K. D., & Mulkay, M. (Eds.). (1983). *Science observed: Perspectives on the social study of science*. London: Sage.

Kosslyn, S. M., Ganis, G., & Thompson, W. L. (2001). Neural foundations of imagery. *Nature Reviews Neuroscience, 2*, 635-642.

Kuhn, T. S. (1962). *The structure of scientific revolutions*. Chicago, IL: University of Chicago Press. ［T．クーン／中山茂（訳）（1971）『科学革命の構造』みすず書房］

Latané, B., & Darley, J. M. (1970). *The unresponsive bystander: Why doesn't he help?* New York: Appleton-Century-Crofts. ［B．ラタネ，J．M．ダーリー／竹村研一，杉崎和子（訳）（1977）『冷淡な傍観者：思いやりの社会心理学』ブレーン出版］

Leahey, T. H. (2000). *A history of modern psychology*. Upper Saddle River, NJ: Prentice-Hall.

Lepper, M. R., Greene, D., & Nisbett, R. E. (1973). Undermining children's intrinsic interest with extrinsic reward: A test of the "overjustification hypothesis". *Journal of Personality and Social Psychology, 28*, 129-137.

Lévy-Bruhl, L. (1926). *How natives think*(L. A. Clare, Trans.). London: Allen & Unwin.

Libet, B., Gleason, C.A., Wright, E. W., & Pearl, D. (1983). Time of conscious intention to act in relation to onset of cerebral activity (readiness-potential): The unconscious initiation of a freely voluntary act. *Brain, 106*, 623-642.

Lillard, A. (1998). Ethnopsychologies: Cultural variations in theories of mind. *Psychological Bulletin, 123*, 3-32.

Lorber, J. (1994). *Paradoxes of gender*. New Haven, CT: Yale University Press.

Lutz, C. A. (1988). *Unnatural emotions*. Chicago, IL: University of Chicago Press.

Malcolm, N. (1970). Wittgenstein on the nature of mind. *American Philosophical Quarterly Monograph Series, 4*, 9-29.

Manning, R., Levine, M., & Collins, A. (2007). The Kitty Genovese murder and the social psychology of helping: The parable of the 38 witnesses. *American Psychologist, 62*, 555-562.

Manning, R., Levine, M., & Collins, A. (2008). The legacy of the 38 witnesses and the importance of getting history right. *American Psychologist, 63*, 562-563.

Mayer, A., & Orth, J. (1964). The qualitative investigation of associations. In J. M. Mandler & G. Mandler (Eds.), *Thinking: From association to gestalt* (pp.135-143). New York: Wiley. (Original work published 1901)

Mead, G. H. (1934). *Mind, self, and society*. Chicago, IL: University of Chicago Press. ［G. H. ミード／稲葉三千男，滝沢正樹，中野収（訳）(1973)『精神・自我・社会』青木書店］

Milgram, S. (1974). *Obedience to authority: An experimental view*. New York: Harper & Row. ［S. ミルグラム／岸田秀（訳）(1975)『服従の心理：アイヒマン実験』河出書房新社］

Milton, J., & Wiseman, R. (1999). Does Psi exist? Lack of replication of an anomalous process of information transfer. *Psychological Bulletin, 125*, 387-391.

Neisser, U. (1967). *Cognitive psychology*. New York: Appleton-Century-Crofts.

Neurath, O. (1959). Protocol sentences. In A. J. Ayer (Ed.), *Logical positivism* (pp.199-208). Glencoe, IL: Free Press. (Original work published 1932-1933)

Newell, A., & Simon, H. A. (1972). *Human problem solving*. Englewood Cliffs, NJ: Prentice-Hall.

Nietzsche, F. (1979). On truth and lies in a nonmoral sense. In D. Breazeale (Ed. & Trans.), *Philosophy and truth: Selections from Nietzsche's notebooks of the early 1870's* (pp.79-97). Atlantic Highlands, NJ: Humanities Press. (Original work published 1873)

Osgood, C. E. (1956). Behavior theory and the social sciences. *Behavioral Science, 1*, 167-185.

Osgood, C. E. (1957). A behavioristic analysis of perception and language as cognitive phenomena. In J. Bruner, E. Brunswik, L. Festinger, F. Heider, K. F. Meuenzinger, C. E. Osgood, & D. Rapaport (Eds.), *Contemporary approaches to cognition*(pp.75-118). Cambridge, MA: Harvard University Press.

Pavlov, I. P. (1955). Experimental psychology and psychopathology in animals. In I. P. Pavlov, *Selected works*(pp.151-168). Moscow, USSR: Foreign Languages Pub-

lishing House. (Original work published 1903)
Penfield, W., & Boldrey, E. (1937). Somatic motor and sensory representation in the cerebral cortex of man as studied by electrical stimulation. *Brain, 60*, 389-443.
Penfield, W., & Perot, P. (1963). The brain's record of auditory and visual experience: A final summary and discussion. *Brain, 86*, 595-696.
Perkins, H. W. (Ed.). (2003). *The social norms approach to preventing school and college age substance abuse: A handbook for educators, counselors, and clinicians*. San Francisco, CA: Jossey-Bass.
Petroski, H. (2004). Past and future failures. *American Scientist, 92*, 500-504.
Piliavin, I. M., Rodin, J., & Piliavin, J. A. (1969). Good Samaritanism: An underground phenomenon. *Journal of Personality and Social Psychology, 13*, 289-299.
Prentice, D. A., & Miller, D. T. (1996). Pluralistic ignorance and the perpetuation of social norms by unwitting actors. In M. P. Zanna (Ed.), *Advances in experimental social psychology* (Vol.28, pp.161-209). San Diego, CA: Academic Press.
Pylyshyn, Z. W. (1984). *Computation and cognition: Toward a foundation for cognitive science*. Cambridge, MA: MIT Press.
Quine, W. V. (1980). Two dogmas of empiricism. In W. V. Quine, *From a logical point of view*(2nd ed., pp.20-46). Cambridge, MA: Harvard University Press. (Original work published 1951)［W. V. クワイン／飯田隆（訳）（1992）『論理的観点から：論理と哲学をめぐる九章』勁草書房］
Quine, W. V. (1990). *Pursuit of truth*. Cambridge, MA: Harvard University Press.［W. V. クワイン／伊藤春樹，清塚邦彦（訳）（1999）『真理を追って』産業図書］
Quine, W. V., & Ullian, J. S. (1970). *The web of belief*. New York: Random House.
Ramachandran, V. S., Levi, L., Stone, L., Rogers-Ramachandran, D., McKinney, R., Stalcup, M., ... Flippin, A. (1996), Illusions of body image: What they reveal about human nature. In R. Llinas & P. S. Churchland (Eds.), *The mind-brain continuum*(pp.29-60). Cambridge, MA: MIT Press.
Ramón y Cajal, S. (1989). *Recollections of my life* (E. H. Craigie, Trans.). Cambridge, MA: MIT Press. (Original work published 1901-1917)
Rescorla, R. A. (1988). Pavlovian conditioning: It's not what you think it is. *American Psychologist, 43*, 151-160.
Rey, G. (1980). The formal and the opaque. *Behavioral and Brain Sciences, 3*, 90-92.
Rumelhart, D. E., McClelland, J. L., & The PDP Research Group (1986). *Parallel distributed processing: Explorations in the microstructure of cognition: Vol.1. Foundations*. Cambridge, MA: MIT Press.［D. E. ラメルハート，J. L.

マクレランド，ＰＤＰリサーチグループ／甘利俊一（監訳）田村淳ほか（訳）（1989）『ＰＤＰモデル：認知科学とニューロン回路網の探索』産業図書］
Ryle, G. (1949). *The concept of mind*. New York: Barnes & Noble.［G．ライル／坂本百大，宮下治子，服部裕幸（訳）（1987）『心の概念』みすず書房］
Schank, R. C., & Abelson, R. P. (1977). *Scripts, plans, goals, and understanding: An inquiry into human knowledge structures*. Hillsdale, NJ: Erlbaum.
Schlenker, B. (1974). Social psychology and science. *Journal of Personality and Social Psychology, 29*, 1-15.
Searle, J. R. (1997). Minds, brains, and programs. In J. Haugeland (Ed.), *Mind design* (Vol.2, pp.183-204). Cambridge, MA: MIT Press. (Original work published 1980)
Searle, J. R. (2004). *Mind: A brief introduction*. New York: Oxford University Press.［J．R．サール／山本貴光，吉川浩満（訳）（2006）『Mind＝マインド：心の哲学』朝日出版社］
Sherrington, C. S. (1906). *The integrative action of the nervous system*. New York: C. Scribner's Sons.
Skinner, B. F. (1948). *Walden two*. New York: Macmillan.［B．F．スキナー／宇津木保（訳）（1969）『心理学的ユートピア』誠信書房］
Skinner, B. F. (1965). *Science and human behavior*. New York: Free Press. (Original work published 1953)［B．F．スキナー／河合伊六ほか（訳）（2003）『科学と人間行動』二瓶社］
Skinner, B. F. (1972). *Beyond freedom and dignity*. New York: Vintage.［B．F．スキナー／波多野進，加藤秀俊（訳）（1972）『自由への挑戦：行動工学入門』番町書房］
Skinner, B. F. (1974). *About behaviorism*. New York: Knopf.［B．F．スキナー／犬田充（訳）（1975）『行動工学とはなにか：スキナー心理学入門』佑学社］
Smedslund, J. (1988). *Psycho-logic*. Berlin, Germany: Springer-Verlag.
Smith, G. W. (1991). *Computers and human language*. New York: Oxford University Press.
Smith, J. (1981). Self and experience in Maori culture. In P. Heelas & A. Lock (Eds.), *Indigenous psychologies*(pp.145-159). New York: Academic Press.
Smith, L. D. (1986). *Behaviorism and logical positivism: A reassessment of the alliance*. Stanford, CA: Stanford University Press.
Sprenger, J., & Kramer, H. (1968). *Malleus maleficarum*(P. Hughes, Ed.; M. Sum-

mers, Trans.). London: Folio Society. (Original work published 1486)
Staddon, J. E. R. (2001). *The new behaviorism: Mind, mechanism, and society*. Philadelphia, PA: Psychology Press.
Stam, H. (1990). Rebuilding the ship at sea: The historical and theoretical problems of constructionist epistemologies in psychology. *Canadian Psychology, 13*, 239-253.
Szasz, T. S. (1974). *The myth of mental illness*(Rev. ed.). New York: Harper & Row. ［T. S. サズ／河合洋ほか（訳）（1975）『精神医学の神話』岩崎学術出版社］
Tanney, J. (2009, Winter). Gilbert Ryle. In E. N. Zalta (Ed.), *The Stanford encyclopedia of philosophy*. Retrieved from http://plato.stanford.edu/archives/win2009/entries/ryle/
Taylor, C. (1971). Interpretation and the sciences of man. *Review of Metaphysics, 25*, 3-51.
Thagard, P. (2000). *Coherence in thought and action*. Cambridge, MA: MIT Press.
Thorndike, E. L. (1898). Animal intelligence: An experimental study of the associative processes in animals. *Psychological Review Monograph Supplement, 2*(4, Whole No.8).
Thorndike, E. L. (1911). *Animal intelligence: Experimental studies*. New York: Macmillan.
Titchener, E. B. (1980). *A textbook of psychology*. Delmar, NY: Scholars' Facsimiles & Reprints. (Original work published 1910)
Tolman, E. C. (1958a). Psychology versus immediate experience. In E. C. Tolman (Ed.), *Behavior and psychological man: Essays in motivation and learning* (pp.94-114). Berkeley: University of California Press. (Original work published 1935)
Tolman, E. C. (1958b). Operational behaviorism and current trends in psychology. In E. C. Tolman (Ed.), *Behavior and psychological man: Essays in motivation and learning*(pp.115-129). Berkeley: University of California Press. (Original work published 1936)
Tolman, E. C. (1968). Edward Chase Tolman. In H. S. Langfeld, E. G. Boring, H. Werner, & R. M. Yerkes (Eds.), *A history of psychology in autobiography*(Vol.4, pp.323-339). New York: Russell & Russell. (Original work published 1952)
Viger, C. (2000). Where do Dennett's stances stand? Explaining our kind of mind. In D. Ross, A. Brook, & D. Thompson (Eds.), *Dennett's philosophy: A comprehensive assessment*(pp.131-145). Cambridge, MA: MIT Press.
Wallach, L., & Wallach, M. A. (2001a). Experiments in social psychology: Science

or Self-deception? *Theory and Psychology, 11*, 451-473.

Wallach, L., & Wallach, M. A. (2001b). A response on concepts, laws and measurement in social psychology. *Theory and Psychology, 11*, 489-494.

Watson, J. B. (1913). Psychology as the behaviorist views it. *Psychological Review, 20*, 158-177.

Watson, J. B. (1930). *Behaviorism* (Rev. ed.). New York: Norton.［J. B. ワトソン／安田一郎（訳）(1968)『行動主義の心理学』河出書房］

Wegner, D. M. (2002). *The illusion of conscious will.* Cambridge, MA: MIT Press.

Wertsch, J. V. (1985). *Vygotsky and the social formation of mind.* Cambridge, MA: Harvard University Press.

Wierzbicka, A. (1992). *Semantics, culture, and cognition: Universal human concepts in culture-specific configurations.* New York: Oxford University Press.

Witkop, P. (Ed.). (2002). *German students' war letters*(A. F. Wedd, Trans.). Philadelphia, PA: Pine Street Books. (Original work published 1929)

Wittgenstein, L. (1953). *Philosophical investigations.* New York: Macmillan.［L. ヴィトゲンシュタイン／藤本隆志（訳）(1976)『哲学探究』大修館書店／黒崎宏（訳）(1994, 1995)『哲学的探求 第1部』『哲学的探求 第2部』産業図書］

Wittgenstein, L. (1965). *The blue and brown books.* New York: Harper.［L. ヴィトゲンシュタイン／大森荘蔵（訳）(1975)『青色本・茶色本』大修館書店］